MIYAGI

47 都道府県ご当地文化百科

宮城県

丸善出版 編

丸善出版

刊行によせて

　「47都道府県百科」シリーズは、2009年から刊行が開始された小百科シリーズである。さまざまな事象、名産、物産、地理の観点から、47都道府県それぞれの地域性をあぶりだし、比較しながら解説することを趣旨とし、2024年現在、既に40冊近くを数える。

　本シリーズは主に中学・高校の学校図書館や、各自治体の公共図書館、大学図書館を中心に、郷土資料として愛蔵いただいているようである。本シリーズがそもそもそのように、各地域間を比較できるレファレンスとして計画された、という点からは望ましいと思われるが、長年にわたり、それぞれの都道府県ごとにまとめたものもあれば、自分の住んでいる都道府県について、自宅の本棚におきやすいのに、という要望が編集部に多く寄せられたそうである。

　そこで、シリーズ開始から15年を数える2024年、その要望に応え、これまでに刊行した書籍の中から30タイトルを選び、47都道府県ごとに再構成し、手に取りやすい体裁で上梓しよう、というのが本シリーズの趣旨だそうである。

　各都道府県ごとにまとめられた本シリーズの目次は、まずそれぞれの都道府県の概要（知っておきたい基礎知識）を解説したうえで、次のように構成される（カギカッコ内は元となった既刊のタイトル）。

　Ⅰ　歴史の文化編
　　「遺跡」「国宝／重要文化財」「城郭」「戦国大名」「名門／名家」
　　「博物館」「名字」
　Ⅱ　食の文化編
　　「米／雑穀」「こなもの」「くだもの」「魚食」「肉食」「地鶏」「汁

物」「伝統調味料」「発酵」「和菓子 / 郷土菓子」「乾物 / 干物」

Ⅲ　営みの文化編

「伝統行事」「寺社信仰」「伝統工芸」「民話」「妖怪伝承」「高校
野球」「やきもの」

Ⅳ　風景の文化編

「地名由来」「商店街」「花風景」「公園 / 庭園」「温泉」

　土地の過去から始まって、その土地と人によって生み出される食
文化に進み、その食を生み出す人の営みに焦点を当て、さらに人の
営みの舞台となる風景へと向かっていく、という体系を目論んだ構
成になっているようである。

　この目次構成は、一つの都道府県の特色理解と、郷土への関心に
つながる展開になっていることがうかがえる。また、手に取りやす
くなった本書は、それぞれの都道府県に旅するにあたって、ガイド
ブックと共に手元にあって、気になった風景や寺社、歴史に食べ物
といったその背景を探るのにも役立つことだろう。

＊　　　　＊　　　　＊

　さて、そもそも47都道府県、とは何なのだろうか。47都道府県
の地域性の比較を行うという本シリーズを再構成し、47都道府県
ごとに紹介する以上、この「刊行によせて」でそのことを少し触れ
ておく必要があるだろう。

　日本の古くからの地域区分といえば、「五畿七道と六十余州」と
呼ばれる、京都を中心に道沿いに区分された8つの地域と、66の「国」
ならびに2島に分かつ区分が長年にわたり用いられてきた。律令制
の時代に始まる地域区分は、平安時代の国司制度はもちろんのこと、
武家政権時代の国ごとの守護制度などにおいて（一部の広すぎる国、
例えば陸奥などの例外はあるとはいえ）長らく政治的な区分でも
あった。江戸時代以降、政治的区分としては「三百諸侯」とも称さ
れる大名家の領地区分が実効的なものとなるが、それでもなお、令
制国一国を領すると見なされた大名を「国持」と称するなど、この
区分は日本列島の人々の念頭に残り続けた。

　それが大きく変化するのは、明治維新からである。まず地方区分

は旧来のものにさらに「北海道」が加わり、平安時代以来の陸奥・出羽の広大な範囲が複数の「国」に分割される。政治上では、まずは京・大阪・東京の大都市である「府」、中央政府の管理下にある「県」、各大名家に統治権を返上させたものの当面存続する「藩」に分割された区分は、大名家所領を反映して飛び地が多く、中央集権のもとで中央政府の政策を地方に反映させることを目指した当時としては、極めて使いづらいものになっていた。そこで、まずはこれら藩が少し整理のうえ「県」に移行する。これがいわゆる「廃藩置県」である。これらの統合が順次進められ、時にあまりに統合しすぎて逆に非効率だと慌てつつ、1889年、ようやく1道3府43県という、現在の47の区分が確定。さらに第2次世界大戦中の1943年に東京府が「東京都」になり、これでようやく1都1道2府43県、すなわち「47都道府県」と言える状態になったのである。これが現在からおよそ80年前のことである。また、この間に地方もまとめ直され、京都を中心とみるのではなく複数のブロックで扱うことが多くなった。本シリーズで使っている区分で言えば、北海道・東北・関東・北陸・甲信・東海・近畿・中国・四国・九州及び沖縄の10地方区分だが、これは今も分け方が複数存在している。

　だいたいどのような地域区分にも言えることではあるのだが、地域区分は人が引いたものである以上、どこかで恣意的なものにはなる。一応1500年以上はある日本史において、この47都道府県という区分が定着したのはわずか80年前のことに過ぎない。かといって完全に人工的なものかと言われれば、現代の47都道府県の区分の多くが旧六十余州の境目とも微妙に合致して今も旧国名が使われることがあるという点でも、境目に自然地理的な山や川が良く用いられているという点でも、何より我々が出身地としてうっかり「○○県出身」と言ってしまう点を考えても（一部例外はあるともいうが）、それもまた否である。ひとたび生み出された地域区分は、使い続けていればそれなりの実態を持つようになるし、ましてや私たちの生活からそう簡単に逃れることはできないのである。

＊　　　　＊　　　　＊

　各都道府県ごとにまとめ直す、ということは、本シリーズにおい

ては「あえて」という枕詞がつくだろう。47都道府県を横断的に見てきたこれまでの既刊シリーズをいったん分解し、各都道府県ごとにまとめることで、私たちが「郷土性」と認識しているものがどのようにして構築されたのか、どのように認識しているのかを、複数のジャンルを横断することで見えてくるものがきっとあるであろう。もちろん、47都道府県すべての巻を購入して、とある県のあるジャンルと、別の県のあるジャンルを比較し、その類似性や違いを考えていくことも悪くない。あるいは、各巻ごとに精読し、県の中での違いを考えてみることも考えられるだろう。

　ともかくも、地域性を考察するということは、地域を再発見することでもある。我々が普段当たり前だと思っている地域性や郷土というものからいったん身を引きはがし、一歩引いて観察し、また戻ってくることでもある。有名な小説風に言えば、「行きて帰りし」である。

　本シリーズがそのような地域性を再発見する旅の一助となることを願いたい。

2024年5月吉日　　　　　　　　　　　　　　執筆者を代表して

　　　　　　　　　　　　　　　　　　　　　森岡　　浩

目　　次

IV 風景の文化編 151

【注】本書は既刊シリーズを再構成して都道府県ごとにまとめたものであるため、記述内容はそれぞれの巻が刊行された年時点での情報となります

宮城県

▌知っておきたい基礎知識▌

- 面積：7282km²
- 人口：226万人（2024年現在）
- 県庁所在地：仙台市
- 主要都市：石巻、大崎（旧古川市）、白石、登米（とめ）、気仙沼
- 県の植物：ミヤギノハギ（花）、ケヤキ（木）
- 県の動物：ガン（鳥）、シカ（動物）
- 該当する旧制国：東山道陸奥国（むつのくに）→陸前国（主要部）と磐城国（いわきのくに）（白石など南部の一部）
- 該当する大名：仙台藩（伊達氏）
- 農産品の名産：芹、米、大豆、ソラマメ、牛
- 水産品の名産：ホヤ、カキ、ホタテ、ギンザケなど
- 製造品出荷額：4兆3,580億円（2024年現在）

●県　章

県花「ミヤギノハギ」を図案化したうえで、宮城の「み」の字もデザインに含めたもの。

I

●ランキング１位

・日和山　仙台市の沿岸部、七北田川の河口付近にある。ランキング１位と言っても「低い山」の方で、標高３ｍ（国土地理院）である。もともとは６ｍほどあった航行安全のための築山である。大阪の天保山（４ｍ）と最下位を争っており、最終的に天保山が地形図に掲載されたことで２位となったのだが、2011年の東日本大震災によって、津波により山が流されてしまう。この結果、残った部分を測量し直したうえで、日本一の低山として2014年に認定された。山の周辺にあった蒲生地区は津波で甚大な被害を受けたうえ、地域への住宅再建も制限されており、今、山はこの町の名残を伝えるものともなっている。

●地　勢

　南東北３県の一つである。奥羽山脈中程の東側、北上川と阿武隈川の下流域に広がる東北地方最大の平地、仙台平野を中心とする。その中でも北上川沿いは江戸時代以降に水田開発が進んだ地域で、現在でも品井沼・蕪栗沼などラムサール条約にも登録されている湿地がいくつか存在する。この平原には登米などの町が存在する。一方、山沿いには微高地・丘陵が存在し、古くは仙台から北上する奥州道中が仙台市の北の台地を通過してきた。大崎市の中心地、古川はこの平地と台地の境目付近に位置する。

　海岸線は東の牡鹿半島と、そこから北の沿岸地方にリアス式海岸が連なり、日本有数の漁業都市気仙沼や陸前高田もこの沿岸にある。仙台湾沿岸には砂浜海岸が連なるが、松島のあたりでのみ大きく入り組んだ名勝・多島海が広がる。また湾北東にある旧北上川河口には、県内第２都市の石巻がある。牡鹿半島は海岸段丘が発達した地形でも有名である。

　山岳地帯としては奥羽山脈の栗駒山と蔵王連峰が代表的なものとして知られており、両者とも活火山である。このため、鳴子をはじめ温泉がいくつかある。沿岸北東部には北上山地が存在する。

●主要都市

・仙台市　東北地方最大人口を誇る都市にして、東北唯一の政令指定都市。現在の都市は、伊達政宗が1600年に築城を開始した仙台城の城下町に由来している。旧帝大の一つに由来する東北大学や、東北地方を管轄する政

府機関などが集中する「広域中心都市」の一つである。また、「杜の都」
という異称でも知られている。

・**石巻市**　旧北上川河口に位置する、海運で栄えた港町。港自体は古くか
らこのあたりにあったらしいが、急速に発展するのは北上川による水運な
どによって、仙台領内で産出する米の江戸への積み出し港になってからで
ある。その後も県内有数の都市として知られていたが、2011年の東日本大
震災では北上川を介して津波が遡上したことにより、深刻な被害を受けた。

・**大崎市(古川)**　もともと大崎地域と呼ばれていた地域の市町村が、古川
市を中心として合併して誕生した都市。古川は江戸時代の奥州道中に加え、
山を越えて新庄や秋田に向かう街道が分岐する交通の要衝として知られて
いた。

・**白石市**　南部の福島県境近く、白石城の城下町に由来する小都市。白石
温麺という独特の小麦麺が名物として知られる。なお、城自体は仙台藩領
にあたるが、仙台藩は例外的に仙台城に加えてこの城の存続が許されてお
り、重臣の片倉氏が配置されていた。

・**気仙沼市**　北東部の沿岸にある、県内でも特に水産業が盛んな都市。名
物はフカヒレ。江戸時代には廻船業でも栄えた良港で知られており、また
平安時代に創建がさかのぼる神社も多数あるなど、早くから人の出入りが
盛んな土地であったようである。

・**登米市**　登米郡と呼ばれていた一帯が合併してできた都市。中心地は登
米地区というが、市の方の読みは「とめ」、地区の方は「とよま」である。
登米地区は北上川の河港である。また、現在の宮城県が確定する前の県
である「水沢県」の県庁が一時おかれたことから、明治時代の建築が多数
残っていることでも知られている。

●主要な国宝

・**瑞巌寺本堂、瑞巌寺庫裏及び廊下**　松島湾の奥にある、平安時代創建と
伝えられる古刹。現在の国宝建築は、江戸時代初期に伊達家庇護下に復興
されたもので、桃山様式としての装飾が有名。また、かつては本堂前の杉
並木も有名だったが、2011年の東日本大震災による津波で塩害を受けて枯
死が相次ぎ、大半の伐採を余儀なくされた。

・**大崎八幡宮**　古くはアテルイの乱を鎮圧した征夷大将軍こと、坂上田村
麻呂の創建に始まると伝えられる神社。中世は県中部の一帯に勢力をもっ

た豪族である大崎氏の信仰を集め、江戸時代になってから改めて仙台の鎮守として崇敬を集めた。現在の建物は江戸時代初期、瑞巌寺と同じく伊達家主導で再建されたものによる。

●県の木秘話

・ミヤギノハギ　古くから多賀城周辺の草原を指した名である「宮城野」の名物として知られた、マメ科の紫の花。仙台の銘菓として有名な「萩の月」の萩とはこれのことである。

・ケヤキ　仙台市の定禅寺通り・青葉通りという、第二次世界大戦からの復興のシンボルとなった大通りに整備された並木が有名である。なお、「杜の都」という仙台の雅称は、このケヤキ並木によるものではなく、すでに戦前から旧武家地を中心に樹林の多い仙台特有の街並みを指して呼ばれていたものである。

●主な有名観光地

・松島　平安時代より歌枕として知られている、日本三景の一角にも数えられる多島海。奥には古刹瑞巌寺を擁する。絵としては海上に浮かぶ五大堂が有名だろう。

・塩釜神社　同じく平安時代以来の創建かつ陸奥国の一宮であり、周辺領主の信仰を集めてきた神社。現在の社殿や門は17世紀末、時の仙台藩主である伊達綱村の後援を受けての建設である。門前町の塩釜は仙台にもっとも近い外港としても知られてきた。また、その地名の通り、海水から塩を作るための塩焼きの地として知られ、これの連想が平安時代の和歌でもみられた。

・栗駒山　北部にそびえる奥羽山脈中の名山。麓の細倉鉱山なども知られるが、2008年の岩手宮城内陸地震で形成された巨大地滑りでも知られる。

・仙台城　宮城県全域を支配した大藩・仙台藩の本拠となった城。町を通過する広瀬川を堀として、平地の政庁と山城からなり、有名な伊達政宗像は山の方に位置している。

●文化

・こけし　内陸部の鳴子温泉の名物として知られる。こけし自体は幕末以来、東北地方全域で類例がみられる。

・仙台四郎　幕末から明治の仙台に暮らしていたという人物。彼の入った店は繁盛し、彼が抱っこした子は泣き止んだという伝説が生前からまことしやかに伝えられており、現在でも仙台では福の神のような扱いを受けている。

・仙台七夕　旧暦7月に仙台で行われる七夕は、市内挙げての飾りつけの大規模さで知られている。江戸時代には既に盛大に行われていたが、明治時代に入って衰微したものを、中心商店街で戦前に復興。さらに戦後復興の起爆剤として再開したことにより、現在に至っている。

・土井晩翠（どい ばんすい）　「荒城の月」の作詞者としても有名な文学者であり、仙台の出身でもあった。彼が晩年に過ごした「晩翠草堂」は現在でも仙台市の中心部に保存されている。

●食べ物

・仙台味噌　大豆と米麹を中心にした赤みそ。仙台藩の時代に基準が確立したとされる。

・芹　南部の名取市を中心に、湧水の多い地域で栽培される野菜。郷土料理としては芹鍋がとくに有名である。

・牛タン　第二次世界大戦後に進駐軍の牛肉需要に伴って出たテールと舌の調理を考えて考案された。牛タンの焼き物・テールスープ・麦飯・南蛮味噌（唐辛子味噌）からなる定食セットがとくに有名である。なお、仙台牛が有名な宮城県ではあるが、牛タンの発祥とは全く関係はない。

・フカヒレ　気仙沼市の特産として知られる。もともとは気仙沼で盛んにおこなわれる漁（特に近代以降はマグロのはえ縄漁）に混ざって取れたことから、輸出品としての色彩が当初から強かった。

●歴　史

●古　代

　宮城県の県域は、奈良時代の初期頃までにヤマト政権の支配下に入る。すなわち、東山道の最も奥にある「みちのく」、陸奥の国である。とはいえ、それ以前から豪族はこの地方に根を張っており、南部の名取市には5世紀初めの築造とされる雷神山古墳がある。陸奥国の国府（政治的中心地）として設置された多賀城は724年の創設とされている。このころは近畿地方

では大仏で有名な聖武天皇の治世であり、大仏の建立にあたっては陸奥国司より、「小田の黄金山」（現在の涌谷町箟岳と推定）からの金が献上された、という記録が残っている。とはいえ、当時のヤマト政権の支配が及んだのはその山をほぼ北限として、現在の大崎平野あたりまでと推定されており、それ以北はアイヌとその由来を同じくするという民族、エミシ（蝦夷）の居住地であった。このため、続く時代にはさらに北部の北上川流域を支配下に取り込みたいヤマト政権と反抗するエミシとの間で多数の戦いが勃発。その中の最大規模が、現在の岩手県との県境地域（胆沢地方）を中心に周辺の人々を糾合して朝廷に反抗した「アテルイの乱」（789年）である。朝廷は対応する軍の長「征夷大将軍」として、坂上田村麻呂を任命した。

　アテルイがその戦いで敗れて以降、中央政権の支配地は宮城県の北部、さらに岩手県の中央部（当時の「奥六郡」）へと広がっていく。後の宮城県域はおおむね陸奥の行政の中心地となり、『今昔物語集』にも陸奥国司から帰る所で災難に巻き込まれたが富を得た男の話など、当時陸奥の国が豊かな国であるという認識を物語る話が残されている。また、歌枕としては「末の松山」「松島」が有名になる。

●中　世

　平安時代の末期には、平泉に本拠を置いた奥州藤原氏が北上川と奥大道（後の奥州道中に相当する、陸奥国を南北に縦断する街道）の支配ともども、この地方をも支配する。しかし、奥州藤原氏は鎌倉幕府を築く源頼朝によって滅ばされ、新たに武蔵（今の千葉県・東京都境付近）の豪族葛西氏が陸奥全域を統括する総奉行に任じられる。この時、滅ぼされた土着豪族の代わりに多数の豪族が派遣され、彼らが中世を通して宮城各地に盤踞した。また、どうやらこのころから既に石巻あたりに重要な港が存在したようである。その後も室町時代には足利家の一族である大崎氏が奥州探題という陸奥全体を統括する職の担当者として送り込まれる。県内大崎地方の呼び名はこのことによる。鎌倉時代〜室町時代中期にかけて東国政治の中心となった鎌倉からも、また当然京都からも遠いこの地域では、統轄職は遠方における代理人としての権威を与えられていたが、やがてその勢威は弱まり、ついに南北朝時代には両朝それぞれについた豪族の争い、及び室町時代に東国を管轄した鎌倉府と京都の幕府それぞれに豪族が主従関係を結ぶなどの錯綜から、探題の実権は大きく弱まった。多賀城はこの期間の

どこかで機能を喪失し、宮城県の各豪族はそれぞれに縁戚関係を結んで牽制と連合を繰り返す時期に突入した。

やがて戦国時代後期、後の福島県の伊達郡（だてぐん）一帯と山形県の置賜（おきたま）地方を基盤としていた伊達氏が、「独眼竜」の異称で有名な伊達政宗の代に宮城にまで進出し、諸豪族が制圧される。豊臣秀吉の奥州仕置によりこの領国は宮城県域中心のものに大きく削減されたものの、ついで関ヶ原の戦いに伴う諸戦役によって近世仙台藩となる領国が確定した。政宗は領国の要について、まず当初想定した領国の中心と目論んだ岩出山においた。しかし、次いで広瀬川の河岸段丘を城下に確保できる仙台に移り、仙台藩支配下の近世が始まった。彼の治世には、独自にスペインへと外交使節が派遣されている。

● 近 世

意外なことだが、宮城で米作面積が一気に拡大するのはこの時期である。北上川の治水によって洪水が落ち着き、洪水の被害をこれまで被っていた仙台平野北部が水田耕作地となった。石巻はこの平野を貫流する北上川の河口という地を生かし、江戸への米の移出港として栄え、仙台もまた、陸奥で最大の石高を誇る大名の城下町として繁栄した。

一方、藩の財政の方は江戸時代の主要大名と同様どころか、特に中期以降は米価の値崩れによる収入減などに巻き込まれて、慢性的に悪化している。この時代に仙台の平（袴）や筆やタンス、岩出山の竹細工、白石の和紙といった伝統産業が発達している。また、仙台藩校はたびたび藩による強化が行われており、特に国内初とされる西洋医学講座の開設は特筆に値する。

● 近 代

明治維新後、仙台藩は奥羽越列藩同盟（おううえつれっぱんどうめい）の主要メンバーとして、新政府に抵抗するも、戊辰戦争で敗北し、そのまま石高大幅削減のうえで廃藩置県を迎える。廃藩置県後の72県制では、旧仙台藩主要部は仙台県（1872年に宮城県に改称）、北部栗原・気仙を中心とした一帯が、一関に県庁を置く県（水沢県もしくは磐井県）の一部となった。磐井県は1876年に廃止され、同年中におおむね現在の宮城県域が確定した。なお、水沢は岩手県にあるが、県庁は一時登米（とめ）に置かれていた。

明治時代以降、仙台市は1907年の東北帝国大学（東北大）の設立など、東北地方の政治的・文化的中心地としての重みを増していくが、この時点では、生糸産業で栄える福島なども東北地方にはあったため、突出している都市というわけではなかった。現在のように仙台が広域中心都市の一角に数えられるのは戦後のことである。

【参考文献】
・渡辺信夫ほか『宮城県の歴史』山川出版社、2010
・宮城県教育委員会編『宮城県の文化財』各編、2016-21
・東北学院大学文学部歴史学科編『大学で学ぶ東北の歴史』吉川弘文館、2020

I

歴史の文化編

遺　跡

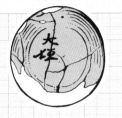

多賀城跡（「大垣」墨書須恵器坏）

　宮城県は、本州、東北地方南部の太平洋側に位置する。西は奥羽山脈によって、山形県、秋田県の境となし、北東部の海岸寄りには岩手県との境をなす北上山地、南の福島県境には阿武隈山地の先端が山地を形づくっている。北の岩手県からは東北最大河川である北上川が南流し、石巻湾と追波湾に注ぐ。そして南部では福島県から阿武隈川が北流し、亘理郡亘理町の荒浜で太平洋に流れ込んでいる。これらの河川の流域に平野があり、阿武隈川流域には角田盆地、亘理から仙台にかけての海岸沿いの一帯、また北上・迫・江合・鳴瀬各河川の流域にわたって仙台平野が広がる。そして、牡鹿郡より本吉郡・気仙沼市にかけての牡鹿半島は、岩手県から続く三陸海岸のリアス海岸が形成され、縄文時代の貝塚地帯ともなっている。

　その他、県内の遺跡は低丘陵、台地、河川の段丘、自然堤防上などに立地するが、特に奥羽山脈から派生した丘陵・台地周辺に多く分布している。2011年の東日本大震災以後、復興事業に伴う発掘調査も行われており、特に本文でも指摘するように、過去数回の津波堆積物が海岸平野部の遺跡で検出されており、関心を集めている。

　古代の宮城県は陸奥国に属しており、その拠点として著名なのが多賀城である。ほかにも城柵、官衙遺跡が認められており、東北経営の中心的役割を果たしていたことが知られる。中世には、関東御家人の恩賞地となる。南北朝時代以後は大崎氏が奥州探題として勢力を伸ばしたが、伊達氏が台頭し勢力を二分する。豊臣秀吉による奥州仕置などを経て、現在の宮城県・岩手県南部・福島県宇多郡は伊達氏領となり、以後、近世を通して伊達氏の支配となる。1868年、仙台藩および土浦・宇都宮・高崎各藩の取締地および南部氏の転封地となり、以後複雑な管轄替えを経て1871年、廃藩置県によって仙台県が置かれ、この年の11月、角田・仙台・登米・胆沢各県を分合して、仙台県（翌1872年正月宮城県と改称）および一関

県（12月水沢県、1875年11月磐井県と改称）とした。1876年4月、磐井県の廃止により5郡（玉造・栗原・登米・本吉・気仙22万5,095石）が宮城県管轄となり、宮城県の伊具・刈田・亘理3郡および宇多郡のうち9万5,314石が磐前県に分割併合、8月磐前県の廃止により、伊具・刈田・亘理3郡が再び宮城県管轄となって、現在の県域が確定した。

主な遺跡

富沢遺跡（とみざわ） ＊仙台市：名取川と広瀬川の自然堤防の後背湿地、標高8～16mに位置　時代 旧石器時代～近世

　1983年、地下鉄工事に伴う発掘で弥生時代～中世にかけての水田跡が重複して発見され、以後、断続的な調査が進められている。宮城県内で初めて発見された水田跡である。弥生時代中期中頃から後期にかけて、8期にわたる水田が重層的に検出されている。興味深いのは、水田面の間に自然堆積の層が挟まれることで、一定期間の休耕状態を経る必要性があった可能性を示唆している。

　また1987年、小学校建設に伴う発掘では、弥生時代の水田遺構の下より旧石器時代の針葉樹林の根株や幹、そして石器が検出され、シカ類と思われる哺乳類の糞や昆虫の翅、種子や花粉なども検出された。炭化物の集中も認められており、約2万年前と想定される人類の活動はもちろん、最後の氷期であった当時の古環境の実態が明らかとなった。現在、これらの旧石器時代の遺構は現地保存され、「地底の森ミュージアム」として公開されている。

里浜貝塚（さとはま） ＊東松島市：宮戸島北西部、東西に伸びる丘陵上、標高20～40mに位置　時代 縄文時代前期～弥生時代　史

　東西約640m、南北200mの規模をもち、西畑、台囲、寺下囲、袖窪、畑中、梨ノ木囲などの各地区にわたる。1918～19年、松本彦七郎、長谷部言人らによって、寺下囲地点の本格的な発掘調査が行われた。特に松本は地質学に依拠した分層発掘を行い、土器編年研究の基礎的な知見を提示したことは学史に名高い。また多数の埋葬人骨が発見されており、形質人類学的な研究も進められた。戦後は東北歴史博物館などにより各地区で調査が実施されており、特に1979年から行われた西畑地点の調査では、土壌を悉皆的に取り上げ、水洗選別によって微細な遺物の抽出を行った。その結果、従来発見できなかった微小な貝や魚骨などを含めた動物遺体の分析が可能となり、縄文時代晩期における季節ごとに計画的で豊かな生業形

態や食生活の実態が明らかとなった。また、土器や石器、骨角製装身具の
ほか製塩土器も多数発掘されている。丘陵の東西に縄文前期初頭には小規
模な集落が営まれ、その後西側の丘陵頂部、東側の南斜面、西側の南斜面
と変遷しながら大規模な集落や貝塚が形成されたと考えられる。

松島湾沿岸には多数の貝塚が形成され、宮城県内の約3割の貝塚が集中
している。西ノ浜貝塚（松島町）を代表とする松島遺跡群、山内清男が縄
文時代前・中期の大木式土器の型式編年を設定した大木囲貝塚（七ヶ浜町）
や二月田貝塚（七ヶ浜町）などを含む七ヶ浜遺跡群などがあり、こうした
拠点的集落を軸に、長く人々の活動が営まれていたことが確認できる。た
だし、晩期には中小規模の貝塚が形成されることから、何らかの生活形態
の変化も想定される。

なお寺下囲貝塚では、弥生土器を含んでおり、モミ痕を有する土器片
が検出され、蛤刃石斧や鉄製銛頭も出土している。

鱸沼遺跡

＊角田市：阿武隈川左岸、鱸沼丘陵の標高約25mに位置
時代 縄文時代〜弥生時代初め

1969年、変電所建設に伴う調査において、弥生土器を発見。加えて石
包丁や片刃石斧など弥生文化に伴う遺物が出土した。特筆されるのは、
炭化米が出土したことで、穂についた状態のものもあり、穂摘みによる収
穫がなされていたことが示唆された。また、炭化したクリも出土している。
他方、石鏃、石棒など、縄文文化の要素も認められており、県南部、阿武
隈川流域における弥生文化の受容のあり方をとらえるうえで貴重な遺跡と
いえる。

沓形遺跡

＊仙台市：名取川左岸の後背湿地と自然堤防上、標高2〜3mに
位置 **時代** 弥生時代〜中世

高速鉄道東西線の建設に伴い、2007年より本格的な発掘調査が行われ、
弥生時代から中世にかけて水田跡（4面）が検出された。特に基本層6a1
層（弥生時代中期中葉）では、津波堆積物と思われる砂質層が上位に広く
検出され、海岸線より2.5km離れたこの土地に津波が到達した可能性を
初めて明らかにした。

雷神山古墳

＊名取市：小豆島丘陵南東部、標高約34mに位置
時代 古墳時代中期
史

1976年、77年に名取市教育委員会によって、墳丘部の発掘調査が行わ
れた。全長168m、後円部径96m、高さ12m。前方部の最大幅も96mを
測るが、高さは6mと後円部に比べて低い点は特徴的である。規模は東北

地方最大とされる。後円部は3段に築造され、前方部は2段築造と想定される。丘陵を利用して構築されたものであり、土取りのためと思われる周壕（しゅうごう）が構築されている。壺形埴輪（つぼがたはにわ）が認められ、以前は遠見塚古墳（とおみづか）（仙台市）（戦後、米軍により土取りが行われ後円部の3分の2が消滅したが、全長110m、後円部径63m、高さ6.5m、前方部幅37m、高さ2.5mの大型古墳で、粘土郭）よりも新しいと考えられてきたが、現在では5世紀前半かそれ以前の構築と考えられている。東側に径54mの円墳である小塚古墳（こづか）がある。

多賀城（たがじょう）

＊多賀城市：仙台平野を望む標高50mほどの小丘陵に位置

時代 奈良時代前半～平安時代　　　**史**

　律令国家によって蝦夷支配の拠点として設置された城柵。江戸時代には松尾芭蕉（まつおばしょう）が「つぼの石碑（多賀城碑を指す）」を訪れ、『奥の細道』に感動を記しているが、多賀城として一般に意識されるようになったのは明治以後のことである。1921年に国指定史跡に指定。戦後、1961年からは断続的に発掘調査が行われている。1961年に国特別史跡。北は加瀬沼、西に砂押川、東には沢を限りとして、不整四辺形の外郭（東辺約1,050m、西辺約660m、南辺約870m、北辺約780m）が構築される。

　外郭（がいかく）は丘陵部が築地塀（ついじべい）、低地部は丸太材を立てた材木塀で区画されていたことが明らかとなっている。1979年の調査では、外郭の築地遺構より「大垣（すえき）」と墨書された須恵器坏が検出されており、東北経営の拠点としての威容を示す築地塀であったことが想像される。

　中央政庁の遺構は大別して4期に区分できる。創建期である第Ⅰ期は奈良時代前半となるが、史料上の記載はない。多賀城碑には742（神亀元）年に鎮守将軍大野東人（おおのあずまひと）によって設置されたとある。発掘により政庁の正殿1棟、脇殿2棟と思われる掘立柱建物（ほったてばしら）の遺構が検出されている。第Ⅱ期は主要な遺構が礎石建物に転換する時期であり、東・西楼や石敷広場などが構築される。発掘では築地塀内側の溝に大量の焼けた瓦の堆積も認められ、史料に記載される780（宝亀11）年の伊治公呰麻呂（これはりのきみあざまろ）の反乱により、多賀城が襲撃された事件との関わりが想定されている。第Ⅲ期は襲撃後に再建された建物群の遺構と考えられ、正殿は凝灰岩の切石基壇（きりいしきだん）の上に建てられている。また、城の郭内には役所の建物が配置され、外郭にも兵舎と思われる方形の竪穴住居跡（たてあなじゅうきょあと）が検出されている。そして869（貞観11）年に陸奥国を襲った大地震による築地塀の崩壊など被害痕跡が認められている。ちなみに、2011年の東日本大震災による津波は、多賀城南側の砂押川南岸まで到達している。そして、第Ⅳ期は地震後に復興された建物で、政庁

北側に新たな建物が構築されている。

　門は東西南北（北は未発見）に開かれ、第Ⅱ期以降は八脚門（8本の柱で屋根を支える）であった。中央の方形を呈する政庁（東西103m、南北116m）の遺構配置から、正面は南側と考えられる。他方、外郭東門はコの字状に凹み、ほかの門とは構造が異なる（西門も一時期、同一の形態）。なお南側は外郭とは別に、内側にも門と塀が形成されていた時期があったことが遺構により確認されており、外郭の大きさが変化した可能性が考えられる。外郭外の南側には、南北と東西の大路を軸として区画された道路が認められており、多賀城に関わる役人らが居住していたことが想定される。

　遺物では土師器（はじき）、須恵器（すえき）のほか、灰釉陶器、緑釉陶器、青・白磁類が出土しているほか、硯（すずり）や文字資料として木簡のほか、1978年に、漆の付着によって腐朽を免れた「漆紙文書」が発見されており、当時の役人らの業務の様子をうかがい知る貴重な資料となっている。

　また瓦類は当初、多賀城より約30km北の木戸瓦窯跡（大崎市）、日の出山瓦窯跡（色麻町）といった窯（かま）で焼成されたものが用いられたことがわかっている。第Ⅱ期以後は近隣の春日大沢窯跡群（利府町）や台の原・小田原窯跡群（仙台市）から供給されていた。

　近隣の遺跡としては、南東1kmの丘陵上には、九州大宰府の観世音寺と伽藍（がらんはいち）配置が共通する多賀城廃寺（多賀城市）がある。また県北栗原地方の拠点である伊治城跡（栗原市）では、弩（ど）と呼ばれる弓の発射器具が出土しており、律令政府と蝦夷との戦いの様子が偲（しの）ばれる。なお、著名な「多賀城碑」は外郭南門近くに現存し、724（神亀元）年に大野東人によってつくられたもので、史料では藤原恵美朝獦（ふじわらのえみのあさかり）によって修復された記録が残る。その後、江戸時代に、伊達綱村（だてつなむら）が徳川光圀（とくがわみつくに）の助言で覆屋（おおいや）を構築。1997〜98年に発掘調査が行われ、古代から変わらず、同じ場所に碑が建てられていたことが確かめられた。

切込焼西山磁器工房跡（きりごめやきにしやまじきこうぼうあと）

*加美郡加美町：丘陵西向き斜面、標高150〜165mに位置　**時代** 江戸時代後期

　1975年より東北大学により発掘調査が行われ、西山と呼ばれる窯跡近くより、製作工房跡が発見された。切込焼は、伝世品の銘文などから天保年間より創業されたと考えられており、13代藩主伊達慶邦（だてよしくに）により藩の直営事業となっている。山裾の西山、中山、東山と呼ばれる地点に、窯跡が5基残されている。この遺跡からは、ロクロ用具、窯道具、磁器および素

焼製品など、製作に関わる遺物が多数出土している。

　肥前有田の磁器の文様などを写した製品も認められ、いわゆる「御用
器」として藩に献納されたものもあったと考えられる。他方、いわゆる生
活財としての日用品としての器も多数製作されており、切込窯の製品と考
えられる磁器が東北各地の近世遺跡でも認められている。

　なお、出土した素焼の水滴型に「山下」の刻銘が確認されており、切込
町に残る墓碑銘より、丹波熊野郡久米（美）浜に生まれ、切込瀬戸山の棟
梁となった山下吉蔵と関わるものと想定されている。吉蔵は1864（元治2）
年に66歳で没していることから、吉蔵の後半生における工房と考えられ
ている。その後、幕末の混乱もあり次第に衰退し、1879年に閉窯したと
いう。

国宝 / 重要文化財

支倉常長像

地域の特性

　東北地方中部の太平洋側に位置する。西側の山形県境に沿って奥羽山脈が南北に走り、東部北側には北から北上高地がのび、南側には阿武隈高地がある。東西の山地の中間に丘陵群と沖積平野からなる仙台平野が広がる。太平洋の影響を強く受けて、夏は高温多湿、冬は低温少雨の気候となり、平野部は古くから水田に適した地勢で、現在でも全国有数の穀倉地帯となっている。沖合は黒潮と親潮とが接する豊かな漁場として知られ、漁業も盛んである。自然の産物にめぐまれて平野部に人口が集中し、東北地方の中核都市に成長した。

　古くは蝦夷の住む「みちのく（道の奥）」、陸奥国の南半分に相当した。大和王権が侵攻を重ね、律令制支配と蝦夷征討を目的に、724年に多賀城を設置した。中世には動乱が続き、室町時代に伊達氏が勢力を伸ばした。米沢城主だった伊達政宗が、戦国時代末期に南奥州つまり山形県から宮城県、福島県一帯を統一し、1600年から仙台に城を築いて、仙台藩が成立した。明治維新の廃藩置県で仙台県となり、翌年宮城県と改称された。

国宝 / 重要文化財の特色

　美術工芸品の国宝は3件、重要文化財は36件である。考古資料には縄文時代の遺物と、古墳から出土した埴輪があり、縄文人の暮らし、北辺の古墳文化を示している。762年に建てられた多賀城碑や平安時代の仏像は、北辺に及んだ古代国家の影響を物語っている。国宝として平安時代の古書籍2件が東北大学附属図書館にあるが、これは近代になって思想家の狩野亨吉が収集したものである。1613年に伊達政宗の命によって支倉常長がスペイン、ローマに派遣され、その資料が国宝となっている。重要文化財として伊達氏の関連品、非常に高価だったと思われる仙台藩の天文観測器、藩校に伝えられた中国の古書籍などがある。建造物の国宝は3件、重要文

　凡例　●：国宝、◎：重要文化財

化財は18件である。国宝の瑞巌寺、大崎八幡宮を含め、桃山時代から江戸時代前期の大型建造物は伊達政宗が建てた。有力な戦国大名だった伊達政宗の権勢を、国宝／重要文化財からうかがうことができる。そのほかに地域的な神社や農家などがある。

◎**多賀城碑**
多賀城市の多賀城政庁南大路跡前にある。奈良時代の古文書。数少ない奈良時代の金石文で、栃木県の那須国造碑、群馬県の多胡碑（特別史跡）とともに日本三古碑の一つといわれている。高さ約2mの砂岩の自然石の一面を平滑にして11行140文字を刻む。西を向いて建てられ、碑文の上部にも「西」の1文字がある。碑文の内容は二つに分かれ、前半は多賀城の位置を京（平城京）、蝦夷国界、常陸国界、下野国界、靺鞨（中国東北部）国界からの距離を示し、次に多賀城を724年（神亀元年）に大野東人が創建し、762年（天平宝字6年）に藤原恵美朝獦が修造したことを記して、末尾に建碑の日付がある。つまり多賀城の修造記念碑である。碑は1658年以前に発見され、歌枕の壷碑としても有名で、松尾芭蕉は1689年に旅の途中で碑と対面し、その時の感動を『奥の細道』に書き残している。

◎**五大明王像**
松島町の瑞巌寺の所蔵。平安時代前期の彫刻。秘仏で、瑞巌寺の門前から少し離れた小島にある五大堂の中に安置されている。五大堂は宝形造の小さな堂宇で、1604年に伊達政宗によって再建された。瑞巌寺は平安時代に創建され、最初は天台宗に属する延福寺と称した。密教に関連する五大明王像はその頃につくられた仏像で、不動明王を中心に、降三世明王、軍荼利明王、大威徳明王、金剛夜叉明王（もしくは烏枢沙摩明王）の5像からなる。不動明王像は像高約60cmの坐像で、ほかの明王像は像高約90cm前後の立像、いずれもケヤキ材とみられる広葉樹の1材から彫り出されていた。不動明王は大日如来の使者・化身とされ、如来の命を受けて忿怒の相で密教修行者を守護し、魔衆を滅ぼして修行を成就させる尊像とされる。両目を大きく見開いて睨み、上歯で下唇を噛む。髪を総髪にして左にまとめ、弁髪を左肩に下す。右手に宝剣、左手に羂索（衆生を救いとる綱）を手にして、岩を表現した瑟々座に坐る。背後に火炎の光背がある。ほかの明王像には、それぞれ数量の異なる顔、眼、手足が付加されている。各像とも頬のふくらんだ丸顔で、肉厚な体部はやや小柄である。本来、五大明王は鎮護国家のためにあったが、次第に日常生活で起きる怪異な事象や触穢などの災難を回避す

る効験が求められるようになり、人々の間で信仰が高まった。

●慶長遣欧使節関係資料

仙台市の仙台市博物館で収蔵・展示。江戸時代前期の歴史資料。仙台藩主伊達政宗がスペイン、ローマへ派遣した慶長遣欧使節に関する資料で、ローマ市公民権証書、正使で家臣の支倉常長の肖像画、ローマ教皇パウロ5世の肖像画、聖画・聖具類、馬具・染織類など47点が国宝に指定された。宣教師の派遣と直接交易を求めて、一行は1613年に牡鹿半島月ノ浦（宮城県石巻市）を出港し、メキシコ、セビリア、マドリードを経てローマに入った。しかし教会内部の対立、徳川家康によるキリスト教禁令の報が現地に伝わっていたことなどから、成果もむなしく支倉常長は7年後の1620年に仙台に帰着した。

　ローマ市公民権証書は、支倉常長に公民権を与えて貴族に列することを認めた証書で、白い羊皮紙に金泥でラテン語の本文が書かれている。上辺と左右を縁取るコ字型の色彩鮮やかな飾り枠には七つの紋章が配され、中央に異教徒に対するローマ支配を象徴する絵、右側にはローマ建国神話である雌狼の乳を吸うロムルスとレムス兄弟の絵、左側にはローマ市の紋章が描かれている。常長が旅の道中で入手した品々は、子孫の手から仙台藩切支丹改所へと移り、宮城県に継承された。明治政府の派遣した岩倉具視らの米欧回覧使節団が、1873年に訪問先のヴェネツィアで常長の書状を発見してから、慶長遣欧使節の存在が世に知られるようになった。

●瑞巌寺本堂

松島町の特別名勝松島の湾岸近くにある。桃山時代の寺院。瑞巌寺が創建されたのは平安時代で、当初天台宗に属して青竜山延福寺と称した。1259年に鎌倉幕府の執権北条時頼が禅宗の臨済宗円福寺に改め、開山に法身性西を迎えた。2代住職に鎌倉の建長寺開山を務めた蘭渓道隆が就任し、建長寺派の影響が強くなった。その後戦乱で寺は衰退し、戦国時代に臨済宗妙心寺派に転じた。伊達政宗が仙台に築城を開始すると領内の主要寺社も再興され、1604年に松島五大堂、1607年に鹽竈（塩釜）神社、大崎八幡宮、陸奥国分寺薬師堂が次々に造営された。瑞巌寺の建立は1604年に起工されて1609年に落成し、本堂は方丈として建てられた。寺号は青竜山瑞巌円福禅寺と改称され、瑞巌寺は略称である。

　本堂は入母屋造の本瓦葺で、桁行13間、梁間は南側面9間、北側面8間の大規模な建造物である。仏法儀式を中心に、僧侶の居住空間、庇護者

の菩提所、賓客接遇の機能を兼ね備えていた。後方中央に仏壇を備えた仏間を置き、その前方に室中孔雀の間がある。床は板張りで周囲に畳1列をめぐらす。本堂の中核的部屋で装飾が多く、大虹梁と欄間に奏楽する天女の彩色彫刻が施され、周囲の襖には金地極彩色で花木と孔雀が描かれている。孔雀の間の向かって左側に文王の間、右側に鷹の間、菊の間、松の間があり、それぞれ伊達家の親戚、重臣、御典医、茶道衆たちの使った部屋で、極彩色の襖絵が描かれている。後方仏間の左側に藩主御成りの間である上段の間、さらにその奥に上々段の間がある。仏間右奥の墨絵の間は僧侶の部屋で、襖には水墨画が描かれ、ほかの部屋の絢爛豪華な雰囲気と異なり、静寂な空間を演出している。

◉大崎八幡宮　仙台市にある。桃山時代の神社。平安時代に創建され、戦国時代に大崎氏によって奥州遠田郡に遷された。その後、伊達政宗に崇敬され岩出山を経て、1607年に仙台城下に造営された。社殿は本殿と拝殿とを石の間で連結した権現造で、やや古い形態を見せている。社殿の特色は美麗な装飾にある。外観は黒漆で塗られ、軒裏の垂木は丹朱、組物や内法長押には彩色文様、蟇股や木鼻には極彩色もしくは金色の彫刻、破風や高欄、懸魚などには金色の飾金具が取り付けられている。石の間の格天井には、金地に色とりどりの草花が細密に描かれている。しかしながら本殿内部の壁面には、絢爛な外部とは一転して、水墨画による森閑とした山水世界が描かれ、対照的な趣向を際立たせている。瑞巌寺本堂と同様に、桃山時代を代表する壮麗な建造物である。

◎松本家住宅　加美町にある。江戸時代中期の武家屋敷。松本氏は、伊達氏家臣奥山氏の家中で家老を務め、1757年に奥山氏の転封に伴い、黒川郡大和町吉岡から加美町小野田に移り住んだ。すでに建物はあり、前任者の古内氏の家中屋敷だったと伝えられる。寄棟造で茅葺の主屋の東側に、同じく寄棟造茅葺で、一段低く規模の小さい台所が連結する分棟型住宅である。柱などの使用材は太くなく、玄関や窓もとらない古い素朴な造りで、農業も行った在郷武士の質朴な生活がしのばれる。

☞ そのほかの主な国宝／重要文化財一覧

	時 代	種 別	名　称	保管・所有
1	縄 文	考古資料	◎里浜貝塚出土品	東北歴史博物館
2	縄 文	考古資料	◎岩版	東北歴史博物館
3	縄 文	考古資料	◎由柄貝塚出土品	東北歴史博物館
4	古 墳	考古資料	◎埴輪甲・埴輪家残闕・埴輪円筒	東北大学大学院文学研究科考古学研究室
5	平 安	彫 刻	◎木造薬師如来坐像（薬師堂安置）	双林寺
6	平 安	彫 刻	◎木造阿弥陀如来坐像	高蔵寺
7	平 安	典 籍	●類聚国史巻第廿五	東北大学附属図書館（狩野文庫）
8	平安〜鎌倉	工芸品	◎熊野那智神社懸仏	熊野那智神社
9	鎌 倉	彫 刻	◎木造釈迦如来立像	竜宝寺
10	鎌 倉	古文書	◎奥州御島頼賢碑	瑞巌寺
11	室 町	典 籍	◎塵芥集	仙台市博物館
12	桃 山	工芸品	◎黒漆五枚胴具足（伊達政宗所用）	仙台市博物館
13	江 戸	絵 画	◎観瀾亭障壁画	松島町
14	江 戸	歴史資料	◎仙台藩天文学器機	仙台市天文台
15	中国／明	歴史資料	◎坤輿万国全図	宮城県図書館
16	平安後期	寺 院	◎高蔵寺阿弥陀堂	高蔵寺
17	桃 山	寺 院	◎陸奥国分寺薬師堂	陸奥国分寺
18	江戸前期	神 社	◎東照宮	東照宮
19	江戸前期	神 社	◎圓通院霊屋	圓通院
20	江戸中期	神 社	◎鹽竈神社	志波彦神社鹽竈神社
21	江戸後期	民 家	◎我妻家住宅（刈田郡蔵王町）	―
22	江戸後期	民 家	◎旧佐藤家住宅（角田市高倉）	角田市
23	江戸後期	民 家	◎洞口家住宅（名取市大曲）	―
24	明 治	学 校	◎旧登米高等尋常小学校校舎	登米町
25	明 治	土 木	◎石井閘門	国土交通省東北地方整備局

城　郭

仙台城大手隅櫓

地域の特色

　宮城県の城郭は、古代多賀城とその関連城館、及び近世伊達藩領内の仙台城と要害制に代表される。多賀城は多賀城市にあり、古代大和朝廷と中世あるいはこの東北経営・支配の拠点で、陸奥鎮所、陸奥国府、陸奥国衙として、古代中世陸奥国の城柵群の本城として、室町前期に至るまで朝廷と幕府が城代、守護兵を常駐させた。古代には多くの城柵が置かれたが『六国史』にみる玉造柵あるいは一の関遺跡（色麻町）、桃生城（桃生町）に比定される河北町の城址、築館町の伊治城と覚鱉城ともみられる宮沢遺跡などが確認されている。

　中世では室町期まで多賀城が重視されるが、戦闘の焦点になったのは近くの岩切城（高森城）である。この時代のものでは東北自動車道建設に伴い、大和町の八谷館の全面発掘調査、栗原町の鶴丸館も発掘調査がされている。中世戦国では、黒川氏の鶴巣城（館）、白石氏の白石城、葛西氏の石巻城と戦国期葛西氏の本城・寺池城、名生城などが著名な城である。

　戦国期では伊達政宗による旧葛西、大崎領への侵攻により、中世の諸国人が並立する秩序は崩れた。政宗は岩出山城を本拠として兵勢を動かし、大きな影響を及ぼした。政宗は後に仙台青葉山を居城とし、さらに晩年、方形城館の若林城に移った。

　政宗が入った伊達仙台領には、要害制と呼ぶ特殊な支城制度がある。それは一関城、白石城を支城とし、伊達藩領内に21か所の要害と呼ぶ城館を幕府に認めさせたもので、これは明治まで存続した。この21要害は、白石・角田・金山・亘理・坂本・平沢・舟岡・川崎・岩沼・不動堂・涌谷・岩出山・高清水・宮沢・登米（寺池）・佐沼・水沢・金ケ崎・岩谷堂・人首・上口内を指し、涌谷要害には今も二重隅櫓と石垣が残り、本格的な城構えであった。

仙台城
せんだい

別名 青葉城　**所在** 仙台市青葉区川内　**遺構** 石垣、堀、復興大手門隅櫓

　青葉城の名で知られる仙台城は、広瀬川に臨む青葉山に慶長7（1602）年、伊達政宗が築いた。政宗の子忠宗の代に、麓に二の丸が増築され、そこに居館を移し、寛永16（1639）年に完成した平山城である。

　本丸には政宗が造営した殿舎があり、千畳敷とも呼ばれた大広間は桃山芸術の粋を集めた建築で、帝座の間（将軍・天皇の来訪を想定した部屋）が設けられていた。発掘調査も近年行われている。

　同じく本丸には小山と呼ぶ天守台が築かれたが、幕府に対する遠慮から天守は計画はされたが、実際には造られなかった。

　二の丸は、城主と家族が日常生活を営む御殿が造営されていた。文化元（1804）年に焼失し、同6（1809）年に再築されたが明治15（1882）年火災で失われた。二の丸大手門は肥前名護屋城からの移築といわれ、豪壮な構えであったが、昭和20（1945）年空襲で焼失した。

白石城
しろいし

別名 益岡城　**所在** 白石市益岡　**遺構** 土塁、堀、城門（移築）、茶室、木造復元天守

　白石城は藤原秀郷の5代目経清の次男経元が、源義家の奥州攻め（後三年の役）に従軍した功により刈田・伊具両郡を賜わり、名字を刈田に改め、寛治5（1091）年に築き居所としたことに始まる。

　その後、白石城には永く刈田（白石）氏が居城していたが、数回の国替えを経て関ヶ原の戦いで伊達領となり、石川昭光が城主となった。慶長7（1602）年には片倉景綱が城主となり、その子重長は大坂の陣で1万7千石に加増され、城に三層櫓をあげた。今日、城址に復元されている三層櫓のもとである。

　白石城は伊達領内の支城と幕府からも認められており、「一国一城令」「武家諸法度」で定められた一領国で一城の大原則の中で異例な存在である。一城を象徴する天守に相当する三階櫓があがる、石垣造りの城である。伊達藩領内で白石城が占める位置の重さが感じられる。

　伊達藩領内にはこの白石城のほか21か所の要害と称する城が明治まで存在した。徳川政権下で伊達氏領国は特例中の特例といえる。

多賀城
たがのき

別名 陸奥鎮所、多賀柵　所在 多賀城市市川　遺構 土塁

　陸奥鎮所として著名で、一般には、神亀元（724）年鎮守将軍大野東人
が築いたとされている。多賀城の前身、名取鎮所からこの地に北進、簡単
な土塁、柵などを廻らして「多賀の柵」と呼ばれており、やがて城に改築
された。延暦21（802）年坂上田村麻呂が胆沢城（水沢市）を築いて鎮守府
を移してからは、国府として栄え、多賀国府と呼ばれた。前九年、後三年
の両役はもちろん、頼朝の奥州征伐でもこの城を拠点としており、下って
は南北朝時代、北畠顕家が義良親王を奉じて在城した。後に足利氏の一族
大崎氏が奥州探題となり、居城をほかに定め廃城となった。近くに鎮護の
寺院跡もある。

涌谷城
わくや

別名 涌谷要害　所在 遠田郡涌谷町　遺構 隅櫓（太鼓堂）、石垣、
土塁

　永享初期（1430年頃）、大崎満持の弟百々高詮の次男が涌谷美濃守と名
乗ってこの城を築き、居城としたとされる。天正18（1590）年、宗家大崎
氏が秀吉によって潰されたことで、涌谷氏は滅亡した。

　その後、木村吉清の領地となったが、翌19（1591）年葛西大崎一揆のた
め領地没収となり、伊達氏に属した。涌谷城は亘理源五郎重宗に与えられ、
重宗は父祖伝来の亘理城を去ってこの城に入り、築城に着手した。本格的
に築城が進んだのは重宗の子安芸定宗のときであるが、この頃には2万石
に加増され、伊達姓を許されていた。伊達騒動で有名な伊達安芸は定宗の
後継ぎである。後に一国一城令が出たため、涌谷城は表向き「涌谷要害」
と呼ばれたが、実質的には完全な城郭であった。本丸表門脇に現存する二
層の隅櫓は「太鼓堂」と呼び、時報の太鼓を打った。

船岡城
ふなおか

別名 柴田城、四保館　所在 柴田郡柴田町　遺構 本丸井戸、土塁

　船岡山の館として有名な原田甲斐が居館を営んでいた所で、現在、城址
一帯は公園となっている。伊達氏は、一国一城令が実施された後、この船
岡、涌谷城など21城を「要害」と称して存続させ、明治を迎えさせている。
当城は前九年の役に源氏の本拠となったことから始まるといわれ、正治の
頃には芝田次郎が居城とし、さらに南北朝期には南朝方の北畠顕信の軍の
陣所ともなっている。戦国期は四保氏が居城とし、四保氏が柴田を名乗っ

て伊達氏に仕える。慶長年間（1596～1615）に入ると屋代勘解由が入城、のち原田氏の所領となる。原田氏は元来、桃生の木爪館にあった土豪で、原田甲斐宗輔は4400石を領していた。伊達騒動で失脚後は、柴田氏が再び城主となり、明治に至っている。

岩切城 （いわきり） 別名 高森城、鴻の館　所在 仙台市宮城野区岩切　遺構 堀切

奥州を平定した源頼朝は文治6（1190）年、葛西清重を奥州総奉行に、伊沢左近将監家景を奥州留守職（国司不在の際に国府業務を行う「留守所」に由来する、他国での守護に相当する職）に命じたが、留守職の家景は高森に居城を築き、国府の行うべき職務を行った。鴻の館は国府の館の美称である。伊沢氏は職名を姓として、留守氏と改称した。

後、南北朝時代に、北畠氏に対抗した足利勢の間で反目が生じ、正平6（1351）年留守遠江守家助は畠山高国とともに高森城に拠ったが、斬首された。

その後、留守氏は伊達氏と結び、伊達氏から嗣子を迎えたりしたが、上野介政景が秀吉の小田原攻めに不参加のため所領を没収されると伊達氏に臣属し、やがて伊達姓を名乗り、水沢城に本拠を構えるに至り留守氏の姓は廃絶した。

佐沼城 （さぬま） 別名 佐沼館、鹿ヶ城　所在 登米郡迫町佐沼　遺構 空堀

文治年間（1185～90）、藤原秀衡の臣照井太郎高直が築いたとされ、そのとき城鎮に生きた鹿を埋めたため鹿ヶ城と呼ばれる。

文明頃（1470、80年代）には佐沼右衛門佐直信が居城とし、さらに天文年間（1532～55）に入ると、大崎氏の家臣石川四郎右衛門直村が入り、以後四代続いた。そして、秀吉の奥州征伐によって葛西、大崎両氏が滅んだため、両氏の旧領は木村伊勢守吉清に与えられた。その後、津田氏が城主となったが、江戸時代に入って宝暦6（1756）年、津田丹波のとき滅び、城主は高清水から亘理伯耆倫篤が入り、以後維新まで亘理氏が5代続いた。

岩出山城 （いわでやま） 別名 岩手沢城　所在 大崎市岩出山城山　遺構 有備館（城内御殿の一部）

天正元（1573）年、奥州探題大崎氏の侍大将、氏家弾正隆継が築城、岩手沢城と称した。隆継の祖父、又八郎詮経が築いたという説もある。

天正19 (1591) 年隆継が没した後、同年9月23日、伊達政宗が米沢から移り、岩出山と改名した。政宗は、慶長8 (1603) 年には仙台に移転。そのわずかな間に、城下町として発展する基礎を築いた。

　政宗の仙台移転後は、四子宗泰が城主となり、一国一城令の後も、維新まで「要害屋敷」として伊達一族が居住していた。明治9 (1876) 年の火事で焼失、今は有備館と米廩棟を残すのみである。

戦国大名

宮城県の戦国史

　室町時代後期になると、福島県伊達郡を本拠とする伊達氏が県南部に進出して名取・柴田・刈田・伊具の4郡を支配、一方岩手県域を本拠とする葛西氏が登米郡の登米氏や桃生郡の山内首藤氏を降して県北東部を支配していた。そして奥州探題の大崎氏はその勢力が衰えながらも、加美・志田・遠田・玉造・栗原の5郡を領有していた。そして、その間には、留守氏や国分氏などの国衆層が割拠していた。

　大永3年（1523）伊達稙宗が陸奥守護となり、奥州探題として奥州の支配体制を敷いていた大崎氏が没落。さらに稙宗は葛西晴重、大崎義直に跡継ぎを送り込むなど、次第に勢力を広げていった。

　天文11年（1542）稙宗とその子晴宗の内訌が勃発（伊達氏天文の乱）、県内の諸氏の多くが稙宗方についたものの、乱は晴宗が勝利し、伊達氏の影響力が強まっていった。

　そして天正16年（1588）から翌年にかけて葛西氏と大崎氏は相次いで伊達政宗に降り、その中間に位置していた国衆層も国分氏が出奔した他は軒並み政宗に降って、事実上伊達氏が統一した。

　同18年、政宗は小田原に参陣中の豊臣秀吉のもとを訪れ、豊臣大名として安堵された。この際、大崎氏と葛西氏は伊達氏の家臣ということで参陣しなかったが、秀吉はそれを認めず、奥州仕置では両氏は独立した大名でありながら参陣しなかったとして、その所領を没収された。

　これを不満として旧大崎領と旧葛西領で一揆が起こり、関与を疑われた伊達政宗が一揆勢を平定。秀吉による奥州再仕置が行われ、政宗は本領の伊達郡をはじめ、会津・信夫・長井などを没収された代わりに、大崎・葛西両氏の旧領を与えられ、宮城県域のほとんどは名実ともに豊臣大名となった伊達政宗の支配地域となった。

主な戦国大名・国衆

秋保氏 陸奥国名取郡の国衆。桓武平氏で平重盛の二男資盛の子孫と称している。永仁2年（1294）平基盛が名取郡を与えられ、重盛が陸奥国名取郡秋保郷（仙台市）に住んで秋保氏を称したという。戦国時代、則盛のときに伊達稙宗に属し、江戸時代に嫡流は仙台藩重臣となる。

姉歯氏 陸奥国栗原郡二迫の姉歯城（栗原市金成姉歯）城主。平姓で、祖姉歯平次光景は藤原泰衡の家臣であったという。戦国時代、康光（景隆）は大崎氏に従っていたが、天正18年（1590）に姉歯城が落城、のち伊達政宗に仕えた。江戸時代は仙台藩士となる。

一栗氏 陸奥国玉造郡の国衆。氏家氏の一族で、一栗城（大崎市岩出山）に拠って大崎氏に仕えた。天正19年（1591）の大崎一揆では一栗放牛・高春らが籠城して最後まで抗戦している。この戦いで放牛は討死、高春はのちに最上義光に仕えた。

氏家氏 陸奥国玉造郡の国衆。岩出山城（大崎市岩出山町）城主。南北朝時代、大崎家兼が奥州探題として下向した際に従って下向したという。藤原北家を称しており、下野氏家氏の一族とみられる。代々大崎氏に従い、岩出山城に拠った。天正18年（1590）の豊臣秀吉の奥州仕置で大崎氏が滅亡後したのちに伊達氏に仕えた。

大倉氏 陸奥国宮城郡大倉（仙台市）の国衆。清和源氏で、源為義の二男義賢の子の重義が大倉村に隠れ住んで大倉氏となったという。戦国時代は下大蔵館に拠り、永禄年間頃から国分氏に属した。国分氏滅亡後、天正6年（1578）重忠は伊達政宗に仕えたが、同19年の佐沼城攻めで討死、重忠には嗣子がなく断絶した。重忠の兄重貞は熊ヶ根村関に移り住んで関氏と改称、江戸時代は伊達家に仕えた。

大崎氏 陸奥の戦国大名。南北朝時代に新田義貞討伐に功をあげた斯波

家兼が奥州管領として派遣され、陸奥国多賀国府に入ったのが祖。名字の地は下総国香取郡大崎荘（千葉県香取市）という。2代目直持は吉良氏、畠山氏などの先任の管領に代わって事実上奥州を支配した。3代詮持（詮時）の明徳2年（1391）、幕府は奥州を鎌倉公方の支配下に組み込んだため斯波氏は奥州管領の地位を失ったが、応永7年（1400）には幕府に働きかけて新たに奥州探題に任命された。詮持は栗原・玉造・加美・志田・遠田・長岡・新田の河内7郡（のち長岡・新田両郡が栗原郡に吸収されて大崎5郡となる）を直轄の支配地とし、満詮の頃から大崎氏を称して領国支配を確立した。戦国時代になると伊達氏の圧迫を受けるようになり、大永3年（1523）陸奥守護となった伊達稙宗に実権を奪われた。義直の代には家臣の叛乱が相次ぎ（大崎の乱）、伊達稙宗の力を借りて平定したことから、以後大崎氏は伊達氏の傘下に入った。天正18年（1590）豊臣秀吉の小田原攻めの際に参陣せず所領を没収された。その後、義隆が上洛して領土回復を図ったが、大崎一揆の勃発で失敗した。以後、大崎氏の末裔ははっきりしない。

笠原氏 陸奥国志田郡の国衆。信濃国伊那郡笠原（長野県伊那市）発祥で、木曽義仲の末裔と伝える。延元2年（1337）重広が陸奥国志田郡に移り宮崎城に拠ったのが祖という。代々大崎氏に属し、戦国時代隆康は高根城で3000石を領していた。天正18年（1590）主家大崎氏が改易となり、翌年旧臣が蜂起した葛西大崎一揆では宮崎城に拠って伊達政宗と戦ったが敗れ、滅亡した。一族は伊達氏に仕え、江戸時代仙台藩の重臣となっている。

金成氏 陸奥国栗原郡金成（栗原市金成）の国衆。陸奥の金氏の子孫。気仙郡の郡司をつとめた金為時の子孫の俊綱が永和3年（1377）大崎氏に仕えて栗原郡金成に住み、金成氏を称した。天正元年（1573）重直が葛西氏に降り、同7年金成城の城主となった。葛西氏没落後は最上氏に仕え、最上氏改易後は仙台藩士となった。

熊谷氏 陸奥国気仙郡の国衆。文治5年（1189）直国の弟直宗が下向して赤岩城（気仙沼市松川）に拠ったのが祖。応安5年（1372）直政のとき葛西氏に従う。多くの一族が分立して気仙郡に勢力を広げた。天文2年（1533）には宗家の赤岩城主熊谷直景と、実弟の長崎城主直光の内訌が起こり、葛

西氏の支援を得た直光が直景を討って、嫡流となった。しかし、天正6年（1578）には長崎城主の直良が月館城主の直澄に敗れている。直澄の甥の直長は伊達政宗に仕え、江戸時代は仙台藩士となった。

黒川氏〔くろかわ〕　陸奥国黒川郡の国衆。清和源氏で最上直家の三男氏直が祖というが、鎌倉公方足利氏の末裔とも、桓武平氏東氏の一族などともいいはっきりしない。鶴楯城（黒川郡大和町）に拠って大崎氏に従い、伊達氏支流の飯坂氏から継いだ景氏以降は伊達氏に仕えた。以後は代々伊達氏に仕えていたが、天正16年（1588）の大崎合戦では晴氏（月舟斎）は大崎氏方に転じて、伊達氏方に大勝した。しかし、同18年の豊臣秀吉の奥州仕置で大崎氏が滅亡、晴氏は留守政景の助命で一命を取り留め、以後政景の庇護のもとにあった。また、大崎氏から養子となっていた義康は伊達氏に仕え、子季氏に嗣子がなく断絶した。

国分氏〔こくぶん〕　陸奥国宮城郡の国衆。桓武平氏で千葉常胤の五男胤通を祖とするというが、詳細は不明。『余目記録』では藤原姓で下野の長沼氏の一族とする。さらに、戦国時代に伊達晴宗の五男盛重が継いで以降は、伊達氏の一族となった。戦国時代は千代城（仙台城）に拠っていたが、慶長元年（1596）盛重が伊達政宗の怒りを買って国分を退去、陸奥国分氏は滅亡した。盛重はその後常陸の佐竹義宣に仕え、その転封に従って江戸時代は秋田に移っている。

高清水氏〔たかしみず〕　陸奥国栗原郡の高清水城（栗原市高清水）城主。清和源氏斯波氏の一族。大崎満持の子持家が祖。一旦断絶したのち、教兼の子定家が再興し、さらに義兼の二男直堅が高清水氏を継いだ。天正18年（1590）大崎氏の滅亡によって開城、子高景はのち伊達氏に仕え、江戸時代は仙台藩士となった。

伊達氏〔だて〕　陸奥の戦国大名。藤原北家山蔭流。実宗が常陸国真壁郡伊佐荘中村（茨城県筑西市）に住んで伊佐氏を称し、文治5年（1189）、朝宗（常陸入道念西）が源頼朝の奥州合戦に従軍して信夫佐藤氏を討ったことから陸奥国伊達郡を賜り、二男宗村とともに入部して伊達氏を称した。当初は

「いだて」とも呼んだ。以後、伊達郡の地頭となり、高子岡城（福島県伊達市保原町）に拠った。南北朝時代、行朝は南朝に属して各地を転戦。のち北朝に転じ、出羽国長井地方を支配。さらに亘理氏を従え大崎氏を討って、陸中地方にも進出した。室町時代には、鎌倉公方と敵対した。大永2年（1522）稙宗は陸奥守護となって梁川城（福島県伊達郡梁川町）に移り、晴宗のときは奥州探題となって米沢に移る。政宗は二本松氏、芦名氏を討ち、さらに大崎氏、田村氏、石川氏、白河氏、結城氏を従えて、出羽・陸奥の南部を支配した。天正18年（1590）豊臣秀吉に従って会津を没収され、翌19年陸奥岩出山に移り陸奥20郡を領した。関ヶ原合戦では東軍に属して慶長6年（1601）仙台に移り、江戸時代は仙台藩主となる。

百々氏（どど）　陸奥国遠田郡の国衆。大崎氏の庶流で、大崎氏初代家兼の三男彦五郎を祖とするとも、3代詮持の五男高詮を祖とするともいう。代々百々城（大崎市田尻）に拠り大崎氏に仕えた。天正18年（1590）の葛西大崎一揆では葛西氏に与している。江戸時代、仙台藩士となった一族がある。

富沢氏（とみざわ）　陸奥国栗原郡の国衆。葛西氏の庶流という。室町時代に栗原郡富沢（栗原市栗駒）を領し、岩ヶ崎城（鶴丸館）に拠った。同地は葛西氏と大崎氏の境界にあたるため、帰属は両氏の間をしばしば往復した。のち花巻に移り、江戸時代は南部藩士となった。

長江氏（ながえ）　陸奥国桃生郡の国衆。桓武平氏三浦氏の庶流で、鎌倉景政の孫の義景が相模国三浦郡長江（神奈川県三浦郡葉山町）に住んで長江氏を称したのが祖。義景は源頼朝の挙兵に参加し、鎌倉幕府の成立後は御家人となった。以後、奥州攻めで功をあげて陸奥国桃生郡深谷（石巻市・東松島市）を賜り、さらに承久の乱の功で美濃国不破郡今須村も賜った。のち陸奥に下向して葛西氏に従い、寛正年間（1460〜65）に伊達持宗に属したとみられる。戦国時代、勝景（月鑑斎）は伊達政宗に仕えていたが、大崎の乱を機に大崎氏方に転じた。天正19年（1591）景勝が政宗によって殺され、滅亡した。

松坂氏（まつざか）　陸奥国黒川郡の国衆。名字の地は伊勢国飯高郡松坂（三重県松

阪市）。『伊達世臣家譜』によると、花園有仁の子有実が松坂氏を称したのが祖で、孫の定政は正応4年（1291）亀山天皇の皇子継仁親王に従って陸奥国黒川郡に下向して土着、同地がのちに黒川郡松坂（黒川郡大和町松坂）という地名になったと伝える。以後代々黒川郡の一部を領し、戦国時代に伊達氏に従った。天正18年（1590）の葛西大崎一揆では、黒川周防定頼が討死している。江戸時代は仙台藩士となった。

村岡氏（むらおか）　陸奥国宮城郡の国衆。留守氏の一族で、代々村岡城（宮城郡利府町）に拠って留守氏の重臣だった。室町時代中期に家督争いが起こり、留守氏や奥州探題の大崎氏が干渉した（村岡騒動）。戦国時代には留守氏と争い、永禄12年（1569）留守政景（伊達晴宗の三男）に村岡城を攻められ、滅亡した。

留守氏（るす）　陸奥の戦国大名。藤原北家。文治6年（1190）伊沢家景が源頼朝から陸奥国留守職に任ぜられて留守氏を称し、代々多賀国府に住んで陸奥を支配したのが祖。中世には国分氏とともに、宮城郡の領主であった。室町時代前期までは大崎氏の影響下にあったが、やがて伊達氏の伸長に伴ってその勢力下に入った。家明は、持家ののちに伊達持宗の五男郡宗を養子に迎えて家督を継がせ、以後は伊達氏の一族となった。景宗は実兄伊達稙宗と結んで国分氏と戦う一方、『留守分限帳』を作成するなど、内政にも尽力した。永禄10年（1567）伊達晴宗の三男政景が留守氏を継ぐと、相次ぐ伊達氏からの継承に不満を持つ譜代の家臣の一部を追放、伊達氏の重臣としての地位を固めた。そして、天正18年（1590）の奥州仕置で留守氏としての独立性を失い、正式に伊達氏の家臣とされた。

亘理氏（わたり）　陸奥国亘理郡の国衆。桓武平氏。千葉常胤の三男武石胤盛は源頼朝に従って奥州を転戦、文治5年（1189）陸奥国宇田・伊具・亘理3郡を賜ったのが祖。乾元元年（1302）宗胤は亘理に移り、暦応2年（1339）広胤のときに亘理氏を称した。戦国時代に伊達氏に従い、天正19年（1591）陸奥国遠田郡涌谷（遠田郡涌谷町）に移った。その後、伊達稙宗の十二男元宗が継いで伊達一門に列し、涌谷伊達氏と称して代々安芸を名乗った。

大崎氏
おおさき

　　　　　　陸奥の戦国大名。清和源氏。名字の地は下総国香取郡大崎荘（千葉県香取市）だという。1354（正平9・文和3）年若狭守護として新田義貞討伐に功をあげた斯波家兼が奥州管領として派遣され、陸奥国多賀国府に入ったのが祖。56（正平11・延文元）年に継いだ2代目直持は吉良氏、畠山氏などの先任の管領に代わって事実上奥州を支配した。3代詮持（詮時）の91（明徳2）年幕府は奥州を鎌倉公方の支配下に組み込んだため斯波氏は奥州管領の地位を失ったが、1400（応永7）年には幕府に働きかけて新たに奥州探題に任命された。

　　詮持は栗原・玉造・加美・志田・遠田・長岡・新田の河内7郡（のち長岡・新田両郡が栗原郡に吸収されて大崎5郡となる）を直轄の支配地とし、満詮の頃から大崎氏を称して領国支配を確立した。

　　戦国時代になると伊達氏の圧迫を受けるようになり、1523（大永3）年陸奥守護となった伊達稙宗に実権を奪われた。天文年間（1532～55）には伊達稙宗の子義宣が家督を継いだが、義宣は大崎家中と合わずに出奔して殺されたため、義宣を大崎氏当主に数えるかどうかには諸説ある。

　　跡を継いだ義直の代には家臣の叛乱が相次ぎ（大崎の乱）、稙宗の力を借りて平定したことから、以後大崎氏は伊達氏の傘下に入った。90（天正18）年豊臣秀吉の小田原攻めの際に参陣せず所領を没収された。その後、義隆が上洛して領土回復を図ったが、国元で遺臣による大崎一揆が勃発し、家名再興は失敗した。以後、大崎氏の末裔ははっきりしない。

◎近世以降の名家

秋保家
あきう

仙台藩重臣。桓武平氏で平重盛の二男資盛の子孫と称している。1294（永仁2）年平基盛が名取郡を与えられ、重盛が陸奥国名取郡秋保郷（仙台市）に住んで秋保氏を称したという。戦国時代、則盛の時に伊達稙宗に属し、江戸時代嫡流は仙台藩重臣となる。家格は一家。家禄1000石。

　義光の二男盛義（三男とも）は分家して、名取郡秋保郷馬場村（仙台市）を領した。戦国時代、定重の時に所領を刈田郡円田村（蔵王町）に移され、江戸時代は仙台藩士となった。家格は召出一番座。

猪狩家
いがり

本吉郡気仙沼（気仙沼市）で横田屋と号した豪商。1706（宝永3）年創業。代々新兵衛を称して廻船問屋を営んだ。幕末、4代目新兵衛は持ち船の遭難で経営が傾くと、海苔の製造に転じて成功。さらに維新後は塩田を開いて製塩業を行った。

石川家
いしかわ

仙台藩一門。旧戦国大名。清和源氏満快流で、有光が源義家に従って石川荘に移り石川氏を称したのが祖。鎌倉時代には地頭をつとめていた。建武新政の際には新田義貞に従って鎌倉攻めに参加、南北朝時代は北朝に属し、伊達氏、田村氏と争った。室町時代は結城氏の影響下にあり、1590（天正18）年昭光の時に小田原に赴かなかったため、豊臣秀吉に所領を没収された。

　昭光は以後伊達政宗に仕え、江戸時代は仙台藩重臣となり、陸奥国伊具郡角田（角田市）で2万1000石を領した。家格は一門。

石母田家
いしもだ

仙台藩重臣。甲斐源氏の一族で、伊達朝宗が陸奥国伊達郡を賜った際に従って陸奥国伊達郡石母田（福島県伊達郡国見町）に住み、石母田氏を称した。以来、代々伊達氏の重臣となる。江戸時代嫡流は仙台藩の重臣となり、加美郡宮崎で7000石余りを知行した。後栗原郡高清水（栗原市高清水）4000石に移る。
ちぎょう

一力家
いちりき

仙台の地方財閥。大町5丁目に店を構え、明治初期には大竹左

右助と共に仙台の二大茶商といわれた。維新後に鈴木家から家を継いだ健治郎は仙台市議、宮城県議を歴任する一方、実業界で活躍。1897（明治30）年河北新報社を創立すると政界から身を引いて、同社の経営に専念した。1929（昭和4）年に健治郎が死去すると、二男の次郎が社長、三男の五郎が編集局長となり、戦後は東北放送を創立するなど、仙台を代表する財閥に発展させた。

次郎の長男一夫は横綱審議会会長もつとめ、その子雅彦が現在の河北新報社長である。また、45期碁聖の一力遼8段は一夫の孫である。

岩井家

仙台城下国分町（仙台市）で奈良屋と号した呉服商の豪商。元は京都の奈良屋の出店で、元和年間（1615～1624）に仙台藩の藩命で出店し、代々作兵衛か八兵衛を称した。幕末の八兵衛は呉服太物卸商仲間の総元締をつとめていた。

遠藤家

仙台藩宿老・一迫川口領主。藤原姓を称している。戦国時代に伊達稙宗に仕えた遠藤基信が祖。1576（天正4）年に軍奉行となり、以後代々宿老に列した。江戸時代は一迫川口（栗原市一迫川口）領主となる。幕末の当主允信は尊攘派だったことから佐幕派から排斥されていたが、戊辰戦争後に登用されて仙台藩大参事などをつとめた。その後は塩竃神社宮司となっている。その二男速雄は明治の仙台画壇を代表する日本画家である。

片倉家

仙台藩家老。信濃国佐久郡片倉（長野県佐久市片倉）発祥で藤原北家というが、諸説ありはっきりしない。後奥州に転じて大崎氏の家臣となり、天文年間（1532～55）頃に伊達氏に従った。米沢八幡宮神職であった景重の子景綱は母が伊達政宗の乳母であったことから、政宗が9歳の時に近習となり、以後側近として活躍した。豊臣秀吉や徳川家康からしば独立した大名として取り立てる話があったが固辞したとされている。関ヶ原合戦後、白石城主として1万3000石を与えられ、代々仙台藩家老をつとめた。1898（明治31）年景光の時に男爵となる。

小谷家

仙台城下（仙台市）の豪商。近江日野商人の小谷庄三郎の支店として、新右衛門が1812（文化9）年に国分町に開業したのが祖で、薬種・

瀬戸物を取り扱って瞬く間に豪商に成長した。36（天保7）年の飢饉の際には、藩命で上方に米の買付や資金調達の交渉に行った豪商6人の中の一人となっている。55（安政2）年には仙台藩の蔵元もつとめている。

佐藤家
<ruby>佐藤<rt>さとう</rt></ruby>家　秋保温泉（仙台市太白区）の湯守。平家落人の従者の末裔ともいう。秋保温泉の草分で、江戸時代初期から秋保温泉の仙台藩主湯浴御殿の湯守をつとめた。一方、宿屋を営み、1631（寛永8）年には私有林を藩に献上して山守ともなった。維新後はホテル佐勘を経営する。代々勘三郎を称し、現在は34代目。

柴田家
<ruby>柴田<rt>しばた</rt></ruby>家　仙台藩重臣。結城氏の一族という。陸奥国柴田郡柴田（柴田町）発祥か。定朝は四保城に拠り、伊達稙宗の時に仕えた。江戸時代は仙台藩の重臣となって、船岡（柴田町船岡）で5000石を領した。家格は一家。奉行や若年寄になった者が多い。伊達騒動に登場する柴田外記（朝意）が著名。明治維新後、意成は北海道胆振への移住を試みるが失敗した。

白石家
<ruby>白石<rt>しろいし</rt></ruby>家　仙台藩一門。陸奥国刈田郡白石（白石市）発祥で藤原姓。後三年の役の際、刈田経元が源義家に従って功をあげて刈田郡を領し、白石城に拠って刈田氏を称した。秀長の時源頼朝に従って奥州合戦に従い、白石氏と改称した。南北朝時代に伊達行朝に従い、以後代々伊達氏に仕えた。戦国時代、宗実は陸奥水沢（岩手県奥州市水沢区）で1万5000石を領した。その跡は伊達宗清の嫡男宗直が養子となって白石氏を継ぎ、以後登米伊達氏を称した。家格は一門。家禄は2万石。

但木家
<ruby>但木<rt>ただき</rt></ruby>家　仙台藩重臣。橘姓を称し、代々伊達氏に仕えた。江戸時代は仙台藩士となり、本家は召出の但木家。1650（慶安3）年惣右衛門久清が400石で分家、1757（宝暦7）年陸奥国黒川郡吉岡（大和町吉岡）に移った。代々奉行をつとめる者が多く、但木伊賀重信は藩主綱村によって宿老の家格を得、1500石を知行した。幕末の但木土佐成行は家老となって藩論を佐幕に統一、奥羽列藩同盟結成に活躍した。戦後全責任を負って麻布の仙台藩邸で処刑されている。

伊達家

仙台藩主。戦国大名伊達氏の子孫。伊達政宗は関ヶ原合戦では東軍に属して、1601（慶長6）年仙台に移り、03（同8）年仙台藩60万5000石を立藩した。後さらに2万石を加増。

4代綱村は2歳で襲封したことから一門の伊達兵部宗勝が後見役として藩政を専制。やがて一門の伊達安芸宗重の争いが起こり、71（寛文11）年大老酒井忠清邸での取り調べの際に、同席した原田甲斐が突如宗重を斬殺、甲斐も殺され、宗勝も土佐藩に預けられた（伊達騒動）。

5代吉村は藩政を改革、余剰米を江戸に回漕して巨利をあげ、中興の祖といわれる。

幕末、慶邦は奥羽列藩同盟に参加して敗れ、1868（明治元）年28万石に減知、慶邦は蟄居謹慎処分となる。84（同17）年宗基の時に伯爵となる。

宇和島藩主宗城の二男で慶邦の養子となっていた宗敦は84（同17）年に分家して一家を興し、89（同22）年に男爵を授けられている。

一門に亘理伊達家、岩出山伊達家、宮床伊達家、川崎伊達家などがあり、亘理家と岩出山家は維新後北海道に移住した。

伊達家

伊達家一門宮床伊達家。伊達朝宗の六男実綱が祖。伊達郡伊達崎（福島県伊達郡桑折町）を領して、後に田手氏を称した。永正年間（1504〜21）頃に伊具郡に所領を持ち、代々角田城に拠って伊達本家の重臣となった。

江戸時代になって、1659（万治2）年本家の伊達忠宗の八男宗房が継いで伊達氏に復し、3000石を領して一門に列した。1714（正徳4）年には8017石となり、22（享保7）年黒川郡宮床（大和町）に住んだ。

中井家

本吉郡気仙沼（気仙沼市）で回船問屋を営んだ豪商。本吉郡月館村中井（気仙沼市）出身で、主に銚子との間を廻船した。本家は上中井屋と号し、天保年間に分家した下中井屋があった。本家は天保の大飢饉に際して300両を藩に献金し、士分となっている。分家は新田の開発も行っている。

藤崎家

仙台城下（仙台市）で日野屋と号した豪商。近江国の日野商人の出で、1769（明和6）年に仙台藩の商人誘致政策によって大町1丁目に古手・呉服・繰綿・質屋などを扱う店を開いたのが祖。1819（文政2）年初代

三郎助が独立して太物商「得可主屋」を創業、幕末には仙台城下を代表する豪商に発展した。維新後、1912（明治45）年に株式会社藤崎呉服店に改組、30（昭和5）年には藤崎と改称して百貨店となった。

明珍家
<small>みょうちん</small>

甲冑師。平安時代末期、増田宗介が京都・九条に住み、近衛天皇から明珍の姓を与えられたという。以後代々馬具鍛冶師として続き、室町時代からは鐙の製作も行った。伊勢氏のつくった鎧の金物も手掛けたという。室町時代に17代明珍信家が武田信玄に仕えて名人といわれた。

16世紀になると小田原を拠点として関東を遍歴する甲冑師となり、江戸時代になって江戸に定住した。

一門は全国各地に広がるが、特に仙台明珍家が著名。1687（貞享4）年勝信が仙台藩家老である片倉家に仕えた。明治維新後は北海道に移住した。

茂庭家
<small>もにわ</small>

仙台藩重臣。藤原姓を称す。山城国八瀬に住んで斎藤氏を称していたが、平安末期に関東に下向し、鎌倉初期に陸奥国伊達郡茂庭（福島市）に移ったという。以後代々伊達氏に仕え、戦国末期出羽国置賜郡長井郷（山形県米沢市）に移る。江戸時代は仙台藩士となり、陸奥国志田郡松山（大崎市松山）で1万3000石を領した。家格は一家。

亘理家
<small>わたり</small>

伊達家一門。桓武平氏千葉氏。千葉常胤の三男武石胤盛は源頼朝に従って奥州を転戦、1189（文治5）年陸奥国宇田・伊具・亘理3郡を賜る。1302（乾元元）年宗胤は亘理に移り、39（暦応2）年広胤の時に亘理氏を称した。

戦国時代に伊達氏に従い、1591（天正19）年陸奥国遠田郡涌谷（涌谷町）に移る。綱宗の跡は伊達稙宗の十二男元宗が継いで1606（慶長11）年伊達氏を賜って一門に列し、涌谷で2万6000石を領して涌谷伊達氏となり、代々安芸を称した。明治時代に亘理氏に復した。

博物館

仙台市博物館
〈伊達政宗所用具足〉

地域の特色

面積は7,735 km²で全国14位。西部一帯は奥羽山脈が連なり、北上川、阿武隈川などが沖積平野をつくり豊かな穀倉地帯となった。東部の沿岸部はリアス式海岸が多く、沖合は豊かな漁場である。県庁所在地の仙台市は政令指定都市で、伊達政宗の時代から東北地方の中心都市として発展してきた。県の人口は230万人で内仙台市は110万人である。

中核となる博物館は県立の東北歴史博物館。ただし、この博物館には自然系の部門はなく、これを補完するのは仙台市科学館と東北大学総合博物館である。連携組織として宮城県博物館等連絡協議会がある。地域の博物館の共同事業体であるSMMA（仙台・宮城ミュージアムアライアンス）もあり現在17館が参加している。

2011（平成23）年3月11日の東日本大震災では、沿岸部を中心に津波と地震で大きな被害を受けた。被災した博物館も多い。震災後この経験を継承しその教訓を国内外へ発信するために、さまざまな「震災伝承施設」がつくられ、また東北の関係施設を結ぶ「震災伝承ネットワーク協議会」も組織された。

なお、宮城県の博物館を語る上では2009（平成21）年に閉館した斎藤報恩会自然史博物館と03（平成15）年に閉館した日本金属学会附属金属博物館を忘れてはならない。

主な博物館

東北歴史博物館　　多賀城市高崎

宮城県の中核的博物館。普通なら県立歴史博物館となるが「東北」歴史博物館と名乗り、博物館の使命を「(1) 東北の姿を自ら再発見し、東北の存在を広く世界に発信することにより、国際化の時代にふさわしい地域づ

くりとその活性化に貢献します。(2) 既存の博物館のイメージを脱皮し、類例のない新しい博物館のあり方を追求します。(3)『明日の東北』を考えるきっかけづくりを重視し、実社会と積極的に交流する博物館を目指します。」としている。

展示は「旧石器時代から近現代まで」を時代別の九つのコーナーで展開する総合展示室、収蔵品を中心に総合展を掘り下げるテーマ展示室、無形民俗のオリジナル映像を上映するミニシアターの映像展示室、および特別展示室で構成されている。さらに、体験を通して歴史を肌で感じることができる「こども歴史館」、屋外には石巻市から移築した江戸時代の民家「今野家住宅」もある。自然史系の展示はない。

仙台市博物館　仙台市青葉区川内

仙台市の中核的歴史系博物館で仙台城（通称青葉城）三の丸跡にある。1951（昭和26）年仙台伊達家から寄贈された文化財の保管・展示・研究のために61（昭和36）年に開館。86（昭和61）年には建物を新設してリニューアルオープンした。

ユネスコ記憶遺産に登録された「支倉常長像」などを含む国宝「慶長遺欧使節関係資料」や、重要文化財の伊達政宗所用具足・陣羽織、豊臣秀吉所用具足など、仙台藩に関わる歴史・文化・美術工芸資料など約10万点を収蔵している。

常設展示室、特集展示室、テーマ展示室、コレクション展示室、企画展示室がある。仙台の歴史を体系的に紹介する常設展示と、期間を区切ってさまざまなテーマの企画展、特別展を行っている。この他、参加型のプレイミュージアムがある。

なお、施設の長寿命化改修工事、一部展示室の改良工事を2021（令和3）年10月から24（令和6）年まで実施。

東北大学総合学術博物館　仙台市青葉区荒巻

大学の教育研究活動を通じて蓄積されたさまざまな種類の学術資料標本類を保管管理するとともに、標本を用いた研究を学内外の研究者と共同で行い、また大学のシンボル的存在として最新の研究成果を地域社会に広く伝えるための機関である。

常設展示は総合博物館を構成する理学部自然史標本館で行っている。自然史系の展示が中心だが、石器時代など考古学系の展示もある。かつての日本金属学会の博物館部門の資料もここに移管されて展示されている。

　さまざまなテーマによる企画展示は東北大学内や仙台市内の施設などで開催している。2006（平成18）年に学術資源研究公開センターが発足しこの博物館は、植物園および史料館とともにその構成組織となった。植物園は仙台城址背後の御裏林で伊達政宗が仙台城を築いて以来ほとんど人手が加えられていない。史料館は東北大学の歴史に関する資料の保存・公開をするアーカイブズ（Archives ＝ 文書館・公文書館）である。

石巻市博物館　　石巻市開成

　複合文化施設「マルホンまきあーとテラス」の中にある博物館で「大河と海」がテーマ。常設展示には、石巻市域の通史を扱う「歴史文化展示室」、毛利総七郎が収集した10万点の資料からセレクトする展示室、地元出身の彫刻家高橋英吉の作品展示室やゆかりの先人を紹介するコーナーがある。他に企画展示室がある。

　博物館機能のあった石巻文化センターと石巻市民会館が東日本大震災の地震・津波で被災し解体。この二つの後継施設として、また、復興のシンボルとして2021（令和3）年に開館した。

仙台市科学館（スリーエム仙台市科学館）　　仙台市青葉区台原森林公園

　自然豊かな森林公園にある市立の科学館。太平洋から奥羽山脈に広がる生き物、化石、鉱物や地震体験のある自然史系展示や、仙台で発明・発見された有名な科学技術の実験装置がある理工系展示、生活、遊び、環境などの科学、フライトコーナーがある生活系展示、の三つのゾーンと屋外の岩石園、自然観察デッキなどで構成されている。

　調査・研究活動として、東日本大震災の津波で環境が変わってしまった蒲生干潟の継続観察などを行っている。

リアス・アーク美術館　　気仙沼市赤岩牧沢

　名前は美術館だが、美術作品だけでなく地域の生活文化や震災も研究、蓄積、展示している人文系総合博物館。「東日本大震災の記録と津波の災

害史」をテーマに被災資料や記録を展示する常設展示が1階に、民俗資料が中心の「方舟日記」、地域の作家を中心とした「収蔵美術作品展」の二つの展示ゾーンからなるアークギャラリーが2階にある。

気仙沼・本吉地域広域行政事務組合が運営する公立施設で、石山修武設計の建物は「1995年日本建築学会賞」。

地底の森ミュージアム（富沢遺跡保存館）　仙台市太白区長町南

地下5メートルから発見された約2万年前の旧石器時代の遺跡をそのまま保存して公開している博物館。スロープを降りた地下展示室では当時のたき火の跡や森林の跡を見ることができる。1階では他の時代の遺物など関連した資料が展示されている。建物周辺は野外展示「氷河期の森」となっていて2万年前当時の森林を復元している。

なお、近くに縄文時代中期末を主とする山田上ノ台遺跡を保存活用した「仙台市縄文の森広場」（太白区山田上ノ台町）がある。

仙台市八木山動物公園（八木山動物公園フジサキの杜）

仙台市太白区八木山本町

東北最大級の動物園。1936（昭和11）年誕生の仙台市動物園が閉園や移転などを経て65（昭和40）年現在地に新たに開園。自然環境と動物を一体化した環境生態展示の導入や、宮城教育大学と連携した環境教育プログラムの実践など意欲的な運営を行っている。スマトラトラ、アフリカゾウ、ホッキョクグマなど希少大型動物を含む約130種を飼育、公開している。「えさやり体験」「ふれあい体験」もできる。

石ノ森萬画館　石巻市中瀬

仮面ライダー、サイボーグ００９などの作品があるマンガ家石ノ森章太郎の記念館。石ノ森はマンガを「萬画」と表現しており、館名もこれを反映している。さまざまな作品の世界を表現した展示や、原画、マンガのライブラリーなどで構成されている。建物は北上川河口の中洲にマンガ惑星から宇宙〝船〟が降りてきたという石ノ森のイメージを踏まえたもの。出身地は近隣の登米市中田町で地元には「石ノ森章太郎ふるさと記念館」、すぐそばには生家（見学可）がある。

仙台市文学館　仙台市青葉区北根

　常設展示のテーマは「仙台、言葉の渚」。〈海＝未知〉と〈陸＝既知〉とが出会う渚のイメージ。次の六つのコーナーで構成されている。Ⅰ本の巨樹（井上ひさし）、Ⅱ震災と表現、Ⅲ青春と文学（北杜夫、向田邦子、佐伯一麦など）、Ⅳ漫画の哲人 いがらしみきおの世界、Ⅴ仙台・文学の源流（土井晩翠、島崎藤村、魯迅など）、Ⅵみやぎの児童文学。約10数万点の所蔵資料は情報コーナーで閲覧できる。

仙台うみの杜水族館　仙台市宮城野区中野

　親潮に育まれた「東北の海」の展示を中心とし、マボヤ、カキ、ホタテの養殖水槽や、豊富な水産資源と海女をはじめとした多様な漁撈文化も紹介するなど、豊かな三陸の海を再現した水槽群で構成されている。ヨシキリザメの飼育で国内最長の873日の記録をもつ。地元の広瀬川をテーマにした水槽もある。88年の歴史をもち閉館したマリンピア松島水族館の飼育動物などを引き継ぎ、仙台港背後地土地区画整理事業の一環で整備された。

みやぎ東日本大震災津波伝承館　石巻市南浜町

　「かけがえのない命を守るために、未来へと記憶を届ける場」がコンセプト。石巻南浜津波復興祈念公園内にあり、県内の震災伝承施設などへのゲートウェイ（玄関口）の役割も果たす。展示は、①つなぐ記憶、②東日本大震災を知る、③シアター「くり返さないために」、④津波から命を守る、⑤ともにつくる復興、のコーナーで構成。建物の一番高い北側の屋根の高さは6.9メートルで、この地を襲った津波の高さを示している。

気仙沼市東日本大震災遺構・伝承館　気仙沼市波路上瀬向

　東日本大地震津波で気仙沼市も大きな被害を受けた。震災の記憶と教訓を伝え、警鐘を鳴らし続けるために設置された施設。震災遺構とは気仙沼向洋高校旧校舎を被災直後の姿を保存整備したものである。これに被災の実態、復旧・復興のプロセスに関する映像や展示のある伝承館を加えたかたちで構成されている。語り部ガイドや防災・減災体験プログラムも実施している。なお、震災当時校舎にいた生徒、教員は全員無事に避難できた。

吉野作造記念館　大崎市古川福沼

　吉野作造（1878～1933）は地元出身の政治学者、ジャーナリスト。民本主義を唱え民主化要求の論陣を張り当時の人々に大きな影響を与えた。彼の功績と思想を未来へと継承するために設立された記念館。常設展示はアカデミズムの人、ジャーナリズムの人、インタナショナリストとして、など五つのコーナーで展開している。生涯を描いた映像コーナもある。

　企画展示室、講座室の他に受験勉強もできる学習スペースがある。

せんだいメディアテーク　仙台市青葉区春日町

　大震災の記録など様々なプロジェクトを実施する美術や映像文化の活動拠点と図書館の複合施設。7階はスタジオ（情報発信や創造的活動の場）、6・5階はギャラリー、3・4階は市民図書館、2階はライブラリー（映像音響、情報検索端末など情報の入り口）、1階は禅寺通りに開いているプラザ（イベントができる空間とカフェ、ショップ）という構成。13のチューブで支える建物（伊東豊雄設計）はユニーク。

仙台市天文台　仙台市青葉区錦ケ丘

　望遠鏡を核に展示室、プラネタリウムをもつ「宇宙のスケールを体感できる天文総合博物館」。国内屈指の大きさの「ひとみ望遠鏡」があり、一般向けの天体観望会も開催している。市民貸し出し用の観察用望遠鏡、大型双眼鏡もある。国の重要文化財「仙台藩天文学器機」を常設展示している。

宮城県慶長使節船ミュージアム（サン・ファン館）　石巻市渡波

　仙台藩主伊達政宗がスペイン国王とローマ教皇に派遣した慶長遣欧使節。支倉常長ら一行を乗せた「サン・ファン・バウティスタ」号は1613（慶長18）年10月に出航した。この使節の歴史や大航海時代の帆船文化を紹介する博物館。東日本大震災の津波で大破したが2013（平成25）年に再開館した。

おしかホエールランド　石巻市鮎川浜南

　鮎川はかつて捕鯨産業で賑わった場所。クジラの生態や特徴、牡鹿半島の鯨文化を紹介する施設。クジラの骨格標本や映像、捕獲・解体に使用さ

れた捕鯨銛などの道具を展示している。牡鹿半島の自然や人々の暮らしを紹介する国立公園のビジターセンターと観光物産交流施設が隣接している。

鹽竈神社博物館　塩竈市一森山

国指定重要文化財「来国光」「雲生」など鹽竈神社に関わる歴史資料などの保存、調査、展示の施設。1階は武具・工芸品・古文書などを、2階は鹽竈神社の主祭神・塩土老翁神にゆかりある塩業や漁業に関する資料を展示。また、古代の製塩法を今に伝える「藻塩焼神事」の映像コーナーもある。

仙台市歴史民俗資料館　仙台市宮城野区五輪（榴岡公園内）

主に仙台地域の明治以降の庶民生活資料を展示、調査研究する施設。常設展示は「農家のくらし」「町場のくらし」、兵舎内部を復元した「四連隊コーナー」で構成している。被災地関連展示、体験学習室もある。建物は現存する宮城県最古の木造洋風建築で旧陸軍第二師団歩兵第四連隊の兵舎。

みちのく杜の湖畔公園 ふるさと村　柴田郡川崎町大字小野二本松

東北6県の特徴ある民家が移築されている。各民家の内部には、映像や模型、民具などによる暮らしの知恵の展示もある。実演をする炭焼き小屋や動いている水車小屋などもある。ガイドツアーや囲炉裏端での昔話などさまざまなプログラムも実施されている。国営みちのく杜の湖畔公園内の施設。

カメイ美術館　仙台市青葉区五橋

浅井忠、藤田嗣治、ルオーなどの美術作品も展示している。美術館だが、世界の蝶1万4千頭の展示室や伝統こけしの展示室もある。地元のカメイ株式会社の創業90周年を記念して設立したもので、蝶は当時の社長の、こけしは次の社長のコレクション。

シャークミュージアム　気仙沼市魚市場前

気仙沼はサメの水揚げ日本一の町。さまざまなサメの標本などがあるサメ専門の博物館として開館した。東日本大震災で被災し、再開にあたりサメに、震災と復興の記録を加えた展示構成となった。水揚げした魚介の流

通に欠かせない製氷技術を生かした「氷の水族館」も併設されている。

登米市歴史博物館　登米市迫町佐沼

　旧佐沼城の隣接地にある歴史博物館。「武家文化と民衆のくらし」をテーマに縄文時代から近世に至る郷土の歩みを展示している。展示を掘り下げることができる「歴史探検コーナー」がある。維新後に佐沼城の当主が移り住んだ邸宅「旧亘理邸」と民具展示館もある。

松山ふるさと歴史館　大崎市松山千石

　仙台藩の重臣茂庭家を中心に地域の歴史を紹介する歴史展示室と、ヒット曲『有楽町であいましょう』で有名な地元出身の歌手フランク永井の展示室がある。また、屋外には旧松山人車軌道（人が押す鉄道）の人車の復元車両（近代化産業遺産に認定）が展示されている。

青葉城資料展示館　仙台市青葉区川内

　護国神社に隣接する本丸会館の中の歴史博物館。展示室では鉄黒漆五枚胴具足などの実物資料、パネル、模型で伊達政宗公の一生をはじめ伊達家・仙台藩・仙台城（青葉城）について紹介している。本丸広間の襖絵や櫓をCGで再現したシアターもある。

白石城・歴史探訪ミュージアム　白石市益岡町（益岡公園内）

　白石城は仙台藩の南の要衝で、伊達家の重臣片倉氏の居城。明治に解体されたが1995（平成7）年に天守閣と大手門が木造で史実に復元された。ミュージアムには城下町の模型や甲冑、刀剣、火縄銃、大型映像などの展示がある。三の丸の近くには武家屋敷の旧小関家があり公開している。

名　字

〈難読名字クイズ〉
①秋保／②余目／③阿留多伎／
④現岡／⑤得可主／⑥勝然／⑦
金須／⑧越河／⑨薩日内／⑩寒
風沢／⑪魚生川／⑫角力山／⑬
四十九院／⑭中名生／⑮山家

◆地域の特徴

　宮城県の名字も東北の他の県と同じく佐藤が最多で、その割合も人口全体の7％強と非常に高い。とくに県北東部に集中しており、南三陸町では人口の15％以上、合併前の旧志津川町では2割近くを占めていた。栗原市でも人口1割を超えている。また県南部にも多く、川崎町や蔵王町でも人口15％前後を占めている。

　2位の高橋も人口比では4％以上ある。仙台市の北側に多く、大和町、大郷町、大衡村で最多。とくに大郷町では人口の1割近い。南部では七ヶ宿町で最多となっている。

　3位の鈴木は仙台市から女川町にかけて多く、利府町と七ヶ浜町で最多。とくに七ヶ浜町では人口の1割を超えている。

　4位佐々木は県北部に集中しており、大崎市、美里町、涌谷町で最多で、登米市や色麻町にも多い。

　5位の阿部でも人口は3％近く、実数でも人口比でも宮城県が全国最多。

名字ランキング（上位40位）

1	佐藤	11	遠藤	21	後藤	31	桜井
2	高橋	12	三浦	22	早坂	32	小林
3	鈴木	13	小野寺	23	小野	33	星
4	佐々木	14	加藤	24	村上	34	太田
5	阿部	15	菊地	25	菅野	35	浅野
6	千葉	16	木村	26	相沢	36	森
7	伊藤	17	今野	27	大友	37	庄司
8	菅原	18	及川	28	山田	38	武田
9	渡辺	19	熊谷	29	庄子	39	斉藤
10	斎藤	20	吉田	30	石川	40	鎌田

石巻市・東松島市・女川町・三陸町に集中しており、女川町では人口の2割近くが阿部さんである。宮城県ではこの5つの名字がとくに多い。

　宮城県の名字は、典型的な東北の名字分布である。これには歴史的な理由がある。仙台藩主の伊達家は、戦国時代には東北南部一帯の領主として広い範囲から家臣を召し抱えていたことに加え、東北唯一の政令指定都市である仙台市には、現在も東北全体から人が流入して来るので、こうした分布になっているのだ。

　そのため、上位の名字には「宮城県だけに多い」というものは少ない。こうしたなか、いかにも宮城県らしい名字なのが29位の庄子である。「しょうじ」と読む名字は東北一帯に広がっているが、いろいろな書き方があり、県内では庄子が多い。庄子は県内でも8割以上が仙台市に集中しており、仙台市では12位に入る。ベッドタウンである名取市や多賀城市、富谷町などには比較的多いが、他の市町村にはあまりいない。

　41位以下では、45位の丹野や49位の尾形は宮城県が全国最多だが、宮城県だけではなく東北南部に広く分布している。また、26位相沢や35位浅野は東北のなかでは宮城県だけに集中しているが、全国的にみると相沢は関東甲信越にも多いし、浅野はむしろ東海地方の方にたくさんある。

　42位の小山の読み方は「おやま」である。この名字は全国的には87％の人が「こやま」と読み、関東や関西では実に95％以上が「こやま」。しかし、宮城県、青森県、福岡県、熊本県などでは「こやま」よりも「おやま」の方が多い。宮城県では小山の8割近くが「おやま」で、その比率は熊本県に次いで高い。実際の人口では熊本県よりも多く、日本一「おやま」さんの多い県である。

　その他では、55位赤間、87位武山、88位遊佐、95位我妻（あがつま）が宮城県独特。赤間は全国の半数弱が宮城県にあり、仙台市周辺に集中している。

　68位平間と83位猪股は宮城県独特というわけではないが、宮城県らしい名字の一つ。「いのまた」と読む名字は東北南部と新潟県に広がっているが、福島県では猪俣、新潟県では猪俣と猪又が多い。

　101位以下では、若生（わこう）、鹿野（かの）、門間（かどま）、狩野（かりの）、三塚、引地、山家、堀籠、沼倉、斎が宮城県独特の名字である。とくに、若生は全国の半数以上、三塚は6割近くが宮城県にあり、三塚は県内の半数が大崎市と栗原市に集中している。

● **地域による違い**

宮城県では、佐藤・高橋・鈴木・佐々木の上位4名字が全県に広く分布しており、地域別の特徴は比較的少ない。

県北地区ではとくに佐々木と佐藤、小野寺が多く、西部では佐々木、東部では佐藤が激しく集中しているほか、気仙沼市では小野寺が最多。栗原市では菅原も多い。登米市の主藤、大和町の鶉橋、涌谷町の鷲足などが独特。

多賀城市から石巻市にかけての地域では阿部が多く、女川町では人口の2割近い圧倒的な最多となっており、南三陸町でも1割を超えている。東松島市や女川町では木村、松島町では桜井・赤間が多く、多賀城市・塩釜市の郷古、東松島市の手代木、七ヶ浜町の稲妻、利府町の郷家が独特。

仙台市付近では特徴が乏しいが、比較的庄子や早坂が多く、色麻町と加美町では早坂が最多。

南部では佐藤と斎藤が多いものの、比較的バラエティに富んでいる。名取市の大友・今野、白石市の日下・半沢、角田市の大槻、岩沼市の長田などが多く、白石市の木須、高子、名取市の木皿、角田市の玉手、岩沼市の古積、布田、川崎町の追木、丸森町の谷津などが独特の名字。

● **読み方の分かれる名字**

県内で読み方の分かれる名字もある。我妻という名字は全国的には「わがつま」と読むことが多いが、全国一我妻の多い宮城県では6割が「あがつま」で、「わがつま」は4割。蔵王町を中心に県南部では圧倒的に「あがつま」と読む。ちなみに、宮城県に次いで多い山形県では99％が「わがつま」で、福島県では「あづま」も多い。

狩野はもっと複雑だ。全国的には6割が「かのう」で、次いで「かりの」「かの」の順。ところが、宮城県では6割が「かりの」で、4割弱が「かの」。全国的に多い「かのう」は少数派である。狩野の集中している栗原市では「かりの」と「かの」が混在しているが、石巻市では「かりの」が多い。

内海は、西日本ではほとんどが「うつみ」と読むのに対し、東日本では「うちうみ」も多い。宮城県ではさらに塩釜市を中心に「うちみ」もあり、県全体では「うつみ」が7割、「うちみ」が2割、「うちうみ」が1割の順。

鹿野は8割が「しかの」で、2割が「かの」である。隣の山形県では、「しかの」と「かの」ほぼ半分ずつとなっている。中鉢は東京や北海道では「な

かばち」も多いが、宮城県ではほぼすべて「ちゅうばち」と読み、鳴子町付近に集中している。

　山家は「やんべ」と読み、仙台藩重臣の一族という名家。しかし、県外ではなかなか「やんべ」とは読んでもらえない。関東では宮城県出身の「やんべ」さんも多いが、宮城県に次いで山家の多い三重県から関西にかけての地域ではほとんどが「やまが」である。

● 仙台藩士の名字

　宮城県を代表する名家は仙台藩62万5,000石の藩主伊達家である。伊達家は藤原氏の一族で、平安末期に陸奥国伊達郡を与えられて伊達氏を名乗るようになったのが祖という。豊臣秀吉の命によって本拠地を宮城県に移し、江戸時代は仙台藩主として宮城県から岩手県南部に及ぶ広い地域を支配していた。

　こうした経緯から、石母田、茂庭、桑折、大条といった、伊達家に先祖代々仕える重臣たちは、福島県にルーツを持つものも多い。また、家老の片倉家が信濃の出であるほか、下野出身の但木家、常陸出身の村田家、出羽出身の鮎貝家など、仙台藩重臣のルーツはバラエティに富んでいる。

　中世から県内に栄えた国分氏のルーツはちょっと複雑である。鎌倉時代から宮城郡には桓武平氏千葉氏の一族の国分氏がいた。ただし、下総国葛飾郡国分郷（千葉県市川市国分）をルーツとする国分氏が下向したものとも、千葉の一族が下向して宮城郡国分荘（仙台市）に住んで国分氏を称したともいい、はっきりしない。さらに、江戸時代に仙台藩の重臣だった国分氏はこれとは別流で、南北朝時代に信濃国から移り住んだ藤原姓の一族が伊達氏に仕えたのが祖という。

　仙台藩重臣の秋保家も仙台市内の秋保温泉をルーツとし、鎌倉時代から続く名家。地名と同じく「あきう」と読むのが本来の読み方だが、庄内藩重臣の秋保家のように「あきほ」と読むこともある。

◆ 宮城県ならではの名字

◎ 蘇武

　宮城県と岩手県の県境に集中している名字。先祖は前漢の武帝に仕え、承和年間（834〜848）に遣唐使とともに来日したという。のち北面の武士となり、南北朝時代には北朝に属して大和高取城に拠った。のち後北条氏に仕えていたが、戦国時代に陸奥国栗原郡に落ちたという。現在は宮城県

側では栗原市に、岩手県側では一関市に多い。

◎橋浦（はしうら）

　陸奥国桃生郡橋浦（ものうぐん）（石巻市北上町）がルーツ。名取市には江戸時代から名字帯刀を許された旧家橋浦家がある。現在も全国の半数以上が宮城県にあり、名取市に多い。

◎留守（るす）

　伊達家の重臣に留守家があった。鎌倉時代に陸奥国留守職に任命されて多賀城で宮城郡を支配したのに始まるという名家で、代々留守職を世襲したため、「留守」を名字として名乗るようになったものである。戦国時代に伊達氏の家臣となり、のちに伊達家から養子を迎えたことから、江戸時代は伊達を名乗って、水沢伊達といわれた。明治維新後、本来の留守に戻し、子孫は仙台に残っている。来客が「留守」という表札を見て帰ってしまったという笑い話もある。

◆宮城県にルーツのある名字

◎砂金（いさご）

　仙台市に集中している名字。陸奥国柴田郡砂金本郷（柴田郡川崎町砂金）がルーツで、菅原姓というが不詳。代々元砂金城に拠り、江戸時代は仙台藩士となった。

◎萱場（かやば）

　全国の半数以上が宮城県にある名字で、陸奥国国分荘萱場（仙台市）がルーツ。代々国分氏に仕えた。江戸時代には仙台藩士に萱場家があり、子孫か。

◎色摩（しかま）

　宮城県南部から山形県南部に分布する「しかま」と読む名字の一つ。陸奥国加美郡色麻郷（加美郡色麻町）がルーツ。もとは色麻と書いたが、現在では色摩と書くことが多い。主に山形県側にあり、米沢市と長井市に集中している。

◎沼倉（ぬまくら）

　宮城県以北の名字。陸奥国栗原郡沼倉（栗原市栗駒）がルーツで、南北朝時代には南朝の北畠氏に属し、室町時代は大崎氏に従った。現在は宮城県と岩手県の県境付近に多く、とくに登米市と岩手県一関に集中している。

◆珍しい名字

◎郷右近 <small>ごうこん</small>

戦国時代からみえる名字で、おそらく郷家と右近家の名字を合わせたのがルーツではないかと思われる。本来は「ごううこん」だったが、「う」が2つ続くのは発音しづらいこともあって、「ごうこん」といわれることが多い。

◎薩日内 <small>さっぴない</small>

宮城県北部の名字で、大崎市付近にある。アイヌ語のサッ＝乾いた、ピ＝小石、ナイ＝沢に由来する。

◎四十九院 <small>つるしいん</small>

陸奥国伊達郡四十九院（福島県）をルーツとする超難読名字。伊達氏に従っていた中島氏の家臣で、戦国時代に、中島氏の伊具郡金山城（伊具郡丸森町）移封に伴って同地に移った。現在も丸森町大内に子孫が住んでいる。

◎餅 <small>もち</small>

仙台市付近に集中しており、塩竈市に多い。江戸時代、殿様に休憩場所を提供、その際に餅を出したところ、「こんな旨い餅は食べたことがない」として餅という名字を賜ったと伝える。

〈難読名字クイズ解答〉
①あきう／②あまるめ／③あるたき／④うつおか／⑤えべしゅ／⑥かつしか／⑦きす／⑧こすごう／⑨さっぴない／⑩さむさわ／⑪すけがわ／⑫すもうやま／⑬つるしいん／⑭なかのみょう／⑮やんべ

II

食の文化編

米／雑穀

地域の歴史的特徴

紀元前100年頃には、弥生文化が波及し、名取、仙台平野で安定した農耕社会が確立されていたことが遺跡調査の結果明らかになっている。

1626（寛永3）年には、仙台藩士・川村孫兵衛が、北上川付替工事を完成させた。これによって、40万石の新田開発ができるようになった。江戸時代は沼や池が多かったため、仙台藩主・伊達政宗は、北上川や阿武隈川などの河川から水を引く堰をつくり、新田開発を進めた。それによって、江戸中期には江戸に流通されたコメの3分の2が仙台米だったといわれる。

1871（明治4）年には、仙台藩を廃して、仙台県が置かれた。1876（明治9）年には現在の宮城県域が確定した。県名の由来については、①ミヤケ（宮宅）、朝廷の出先機関、②陸奥の国の郡名、③多賀城を宮城といった、④水豊かな岸辺の国、といった説がある。

1918（大正7）年8月には、前月に富山県魚津で起こった米騒動が仙台にも波及した。

2011（平成23）年の東日本大震災で津波の被害を受けた海岸部の水田の多くは復活した。

コメの概況

宮城県の総土地面積に占める耕地率は17.6％で、東北6県で最も高い。米どころの宮城県でその中心となっているのは、江戸時代に新田開発が行われ、大区画の水田が広がる仙台平野北部である。

宮城県では稲の種を直接田にまく直播栽培が増えている。東北農政局の調べでは、2013（平成25）年の宮城県における直播栽培の普及率は2.6％と東北地方で最も高かった。2016（平成28）年産は3.4％に上昇している。直播栽培には、種をまいてから田に水を入れる方法と、田に水を入れてから種をまく方法がある。いずれの方法でも、苗を育てる手間がいらず、農

作業の時間が短縮されるといった利点がある。主力品種の「ひとめぼれ」の栽培に適しているため、宮城県も普及に力を入れている。

　水稲の作付面積の全国シェアは4.5％、収穫量は4.6％で、全国順位はともに5位である。収穫量の多い市町村は、①登米市、②大崎市、③栗原市、④石巻市、⑤美里町、⑥加美町、⑦仙台市、⑧角田市、⑨涌谷町、⑩東松島市の順である。県内におけるシェアは、登米市16.3％、大崎市15.7％、栗原市14.5％などで、この3市で5割近くを生産している。大崎市は、ひとめぼれ、ササニシキの誕生の地である。

　宮城県における水稲の作付比率は、うるち米96.5％、もち米3.3％、醸造米0.2％である。作付面積の全国シェアをみると、うるち米は4.6％で全国順位が5位、もち米は3.8％で8位、醸造用米は0.8％で26位である。

知っておきたいコメの品種

うるち米

（必須銘柄）ササニシキ、ひとめぼれ、まなむすめ
（選択銘柄）あきたこまち、いのちの壱、おきにいり、かぐや姫、キヌヒカリ、金のいぶき、げんきまる、こころまち、コシヒカリ、五百川、ササシグレ、さち未来、春陽、たきたて、つくばSD1号、つや姫、東北194号、東北210号、トヨニシキ、はぎのかおり、花きらり、ミルキークイーン、萌えみのり、やまのしずく、ゆきむすび、夢ごこち

　うるち米の産地品種銘柄は必須銘柄が3、選択銘柄が26、計29で新潟県と並んで最も多い。選択銘柄数は新潟県を一つ上回り最多である。

　うるち米の作付面積を品種別にみると、「ひとめぼれ」が78.5％と大宗を占め、「ササニシキ」（6.4％）、「まなむすめ」（5.8％）の順で続いている。これら3品種が全体の90.7％を占めている。

- **ひとめぼれ**　2015（平成27）年産の1等米比率は87.5％だった。宮城県産「ひとめぼれ」の食味ランキングは、特Aだった年もあるが、2016（平成28年）産はAだった。「プレミアムひとめぼれみやぎ吟撰米」は特別栽培米である。
- **ササニシキ**　「ハツニシキ」と「ササシグレ」を交配して育成し、1963（昭和38）年に誕生した。長い間、宮城県を代表する品種として親しまれ

てきたが、低温に弱いという弱点がある。2015（平成27）年産の1等米比率は75.1％だった。宮城県産「ササニシキ」の食味ランキングはAである。

- **まなむすめ**　病気に強い「チヨニシキ」と冷害に強い「ひとめぼれ」を交配して、1997（平成9）年に育成された。手塩にかけて大切に育てたかわいい娘をよろしくという生産者の願いを込めて命名された。2015（平成27）年産の1等米比率は75.1％だった。
- **つや姫**　2015（平成27）年産の1等米比率は86.1％だった。宮城県産「つや姫」の食味ランキングは、2013（平成25）年産以降、最高の特Aが続いている。
- **だて正夢（東北210号）**　東北189号と東1126を交配して、2016年に宮城県が育成した中生の品種である。宮城県産「東北210号」の食味ランキングは2016（平成28）年産で初めて最高の特Aに輝いた。

もち米

（必須銘柄）みやこがねもち

（選択銘柄）こもちまる、ヒメノモチ、もちむすめ

　もち米の作付面積の品種別比率は、基幹品種の「みやこがねもち」が96.9％と大宗を占め、第2位の特定品種「ヒメノモチ」は2.0％である。

- **みやこがねもち**　主産地は加美町、色麻町などである。JA加美よつばは、もち米専用のライスセンターをもち、もち米の栽培地を団地化するなど品質維持に力を入れている。こがねもちと異名同種である。

醸造用米

（必須銘柄）なし

（選択銘柄）蔵の華、ひより、美山錦、山田錦

　醸造用米の作付品種は全量が「蔵の華」である。

- **蔵の華**　宮城県古川農業試験場が「東北140号」と「山田錦」「東北140号」の交配種を交配し、1997年に育成した酒造好適米である。

知っておきたい雑穀

❶小麦

小麦の作付面積の全国順位は19位、収穫量は16位である。栽培品種は「シラネコムギ」などである。主産地は美里町、大崎市、涌谷町、石巻市などである。

❷六条大麦

六条大麦の作付面積、収穫量の全国順位はともに6位である。栽培品種は「シュンライ」「ミノリムギ」などである。石巻市の作付面積は49.2％と半分近くを占め、仙台市（14.9％）、角田市（10.2％）、名取市（4.7％）と続いている。

❸ハトムギ

ハトムギの作付面積の全国順位は18位である。収穫量は四捨五入すると1トンに満たず統計上はゼロで、全国順位は不明である。統計によると、宮城県でハトムギを栽培しているのは涌谷町だけである。

❹そば

そばの作付面積の全国順位は13位、収穫量は21位である。主産地は大和町、大崎市、仙台市、北上市などである。

❺大豆

大豆の作付面積、収穫量の全国順位はともに北海道に次いで2位である。栽培品種は「ミヤギシロメ」などである。多くが水田の転作によるものである。ほぼ県内の全域で栽培している。作付面積が広い市町村は、①大崎市（県内シェア17.6％）、②石巻市（13.5％）、③登米市（12.8％）、④栗原市（8.2％）、⑤仙台市（7.3％）の順である。栽培品種は「ミヤギシロメ」「タンレイ」「青大豆」「黒大豆」などである。

❻小豆

小豆の作付面積の全国順位は21位、収穫量は22位である。主産地は大崎市、仙台市、栗原市、登米市などである。

コメ・雑穀関連施設

● **内川**（大崎市）　戦国時代に伊達政宗が命じて江合川に木造の取水樋門（大堰）を築き、宮城での最初の居城である岩出山城の内堀に引水する

とともに、大崎耕土を潤すかんがい水路に利用したのが起源である。1991（平成3）年には、護岸を自然石の石積みとし、河床工には栗石や玉石を敷き詰め伏流水がとれるように改修した。

- **加瀬沼ため池**（多賀城市、塩竈市、利府町）　奈良時代には多賀城北側の外堀として防備の役割を担っていた池を、江戸時代に農業用ため池として改造した。上記3市町にまたがっている。大正時代から1963（昭和38）年まで塩竈市の上水道の水源になっていたが、現在はかんがい用水として周辺の76haの水田を潤している。

- **広瀬川**（仙台市）　名取川水系の一級河川で、歩いても向かい側に渡れるほどの浅瀬が広がっている流域が多いことから「広瀬川」という名前が付いた。伊達政宗は川の自然崖を天然の要塞として、1601（慶長6）年に川を見下ろす青葉山に仙台城を築いた。山形県との県境に近い奥羽山脈の関峠付近を水源として市街地を経由して名取川に合流する。延長は40kmである。

- **愛宕堰**（仙台市）　広瀬川から仙台市東部に広がる仙台平野の水田にかんがい用水を供給するための堰で、同市若林区に立地する。1954（昭和29）年に六郷堰と七郷堰を統合し、旧七郷堰の位置に設けた。堰につながる七郷堀は、かつて非かんがい期には水利権の関係で取水を停止していた。だが、堀へのごみ投棄など環境の悪化が問題となった。2005（平成17）年には環境用水として水利権の許可を得て、年間を通して通水が可能になった。これは、2006（平成18）年に環境用水として河川法で制度化された全国第1号の水利権である。

- **貞山運河**（岩沼市、名取市、仙台市、多賀城市、七ヶ浜町、塩竈市）　阿武隈川河口と松島湾を結ぶ、木曳堀、新堀、御舟入堀の三つの堀の総称である。総延長は28.9kmである。仙台藩初代藩主の伊達政宗が晩年に建設を命じ、明治中期に完成した。名前は、政宗の贈り名に由来する。2011（平成23）年の東日本大震災で大きな被害を受けた。

コメ・雑穀の特色ある料理

- **はらこ飯**（亘理町）　はらこはサケの卵である。サケを三枚におろし刺し身状に薄く切った切り身を煮汁で煮る。はらこはパラパラになったものを煮汁に通す。この煮汁に水を足してご飯を炊き切り身とはらこを上

に盛りつける。地元産のサケを使った亘理荒浜地方の秋の名物料理である。同地方を藩主伊達政宗が視察した際、漁師が献上したのが始まりである。

- **かきめし**　松島湾を中心とした宮城県は、広島県とともにカキの養殖が盛んである。「海のミルク」ともいわれるカキの最盛期は冬である。カキめしは、地元産の新鮮なカキを材料にした混ぜご飯である。カキの煮汁でコメを炊きあげると、ご飯に味がよくしみ渡る。

- **ずんだ餅**（仙台地方）　ずんだはエダマメをすりつぶしたもので、じんだともいう。ずんだ餅は、エダマメをすりつぶしたあんをからめたもちである。若草色で、エダマメ独特の香りが味わえる。米どころの宮城県内には、ずんだ餅以外にも笹巻き、クルミもちなどさまざまなもち料理がある。

- **ふすべ餅**（栗原地方）　ふすべは、こんがり焼くことである。ドジョウをこんがり焼いて粉にし、すりおろしたゴボウ、ダイコンとともに油で炒め、水を入れて煮る。その中に唐がらしを入れ、しょうゆみそで味をととのえ、もちを入れてつくる。

コメと伝統文化の例

- **寺崎はねこ踊り**（石巻市）　江戸時代、豊作に恵まれた当時の寺崎村の住民が寺崎八幡神社に神楽を奉納した。このとき、村人が太鼓や笛などに合わせて踊ったのが起源である。長じゅばん、姉さんかぶり、日の丸の扇子を持って、おはやしに合わせ跳ねながら踊る。ものうふれあい祭のパレードには約1,000人の踊り手が参加する。開催日は毎年9月第2土曜日。

- **月浜のえんずのわり**（東松島市）　宮戸島の月浜集落に伝承されている鳥追い行事。子どもたちが1月11日から岩屋にこもって共同生活を行い、14日夜に松の棒を持って家々を回り、棒を地面に突きながら鳥を追い払う唱え言と、豊作、豊漁などを祈願する言葉を述べる。16日は集落の五十鈴神社で鳥を追い払う動作を行う。この地域は2011（平成23）年の東日本大震災で壊滅状態になったが、住民は全員避難し、行事も継続している。開催日は毎年1月11日～16日。

- **竹駒神社初午祭**（岩沼市）　小野 篁 が陸奥守として赴任の際、東北開

拓と五穀豊穣を願って創建したと伝えられる竹駒神社の最大の祭りである。初午祭は豊作、商売繁盛、家内安全を祈願して執り行われる。神輿渡御と竹駒奴行列が呼び物である。竹駒奴は、ハサミ箱の投げ受けなどの妙技を披露する。開催日は毎年旧暦2月初午の日から7日間。

- **秋保の田植え踊り**（仙台市）　秋保の田植え踊りは仙台市秋保の馬場、長袋、湯元に伝わる田植え踊りの総称である。その年の豊作を祈願して、きらびやかな衣装をまとった8人くらいの早乙女が田植えを模した舞踊などを奉納する。ユネスコの無形文化遺産に登録されている。開催日は毎年旧暦1月15日。

- **梵天ばやい**（大和町）　船形山神社の「御神体」を年に一度だけ開帳して、その湿り具合でその年の天候と作柄を占う行事である。御神体は金銅の菩薩立像で、東北最古のものといわれている。長さ2mほどの青竹に紙垂をつけた梵天を奪い合う勇壮な祭りでもある。開催日は毎年5月1日。

こなもの

じんたつめり

地域の特色

　東北地方の中部に位置し、東は太平洋に面し、北は牡鹿半島までリアス式海岸である。岩手県の太平洋に面している地域と同じように、リアス式海岸の地域は平成23（2011）年3月11日の東日本大震災により壊滅状態になってしまい、2012年現在でも漁港や魚市場の復興には、まだまだほど遠い道のりである。震災がなければサンマ、カツオ、サケの水揚げで賑わった市場も、満足した水揚げ量ではなかった。「ふかひれ」の材料となるヨシキリザメなどの水揚げ量も復活していない状態である。大きな被害を受けたギンザケ、カキ、ホヤの養殖場の復旧も少しずつ進めているが、採算が合うまでに復旧するには4～5年を要するようである。

　こなものでは江戸時代に、仙台藩祖伊達政宗が、比較的温暖な気候の仙台平野を生かし、軍の食糧の蓄積としての米の増産や味噌用の大豆の増産を奨励した。

食の歴史と文化

　伊達政宗の米の増産は、仙台平野で収穫した米を美味しい米に導くきっかけとなり、味噌用の大豆の増産は仙台独特の「仙台味噌」を創出した。仙台平野は、日本屈指の米どころとなり、いくつかのブランド米を誕生させている。米麹を加えた赤味噌「仙台味噌」は、伊達政宗の軍用味噌工房「御塩噌蔵」に由来し、猛暑の陣中でも腐敗しないのが特徴であった。

　ギンザケの養殖は宮城県の女川が発祥の地であり、安価なサケが周年マーケットに出回っていたが、震災により養殖場が壊れ、震災前の状態に戻るまでには時間がかかるようである。同じように、静かな松島湾を利用したカキの養殖も、養殖いかだは津波で流され、海底には瓦礫が集まり、復旧するには、数年を要するだろう。少しずつ、カキの種苗からの養殖を始めた養殖業者もいるようだが、成果がわかるまでの数年は不安のようである。

仙台の有名な加工品の「笹かまぼこ」は、本来はヒラメを原料として作っていたが、昨今はスケトウダラのすり身も混ぜているようである。震災により原料の水揚げ量は減少し、蒲鉾工場が壊滅したために、生産量は少なくなっている。

　宮城県の「こなもの」として「白石温麺」がある。短い素麺の形で、醤油味にとろみをつけた「おくずかけ」は彼岸やお盆に食べる精進料理である。米の生産地だけあって、冠婚葬祭やハレの日には餅料理が作られる。枝豆をつぶした餡をまぶした「ずんだもち」は、米や大豆の生産地から生まれた郷土料理といえよう。

　冬の気温の寒暖の差を利用してつくる「凍り豆腐」は、正月の雑煮に欠かせない一品でもある。

　仙台周辺は、昔から野菜づくりの盛んな地域であった。「仙台ハクサイ」の種子は明治時代に中国からもってきたものであり、「余目ネギ」など、一度抜いて横に倒して植えなおして生育させる「曲がりネギ」や、「仙台長なす」などいろいろな伝統野菜が多い。

知っておきたい郷土料理

だんご・まんじゅう類

①にぎりだんご

　手軽に作れる米粉を原料としただんごで、骨休みや夜なべの仕事の後に食べるなど、一年中楽しみに食べられる。

　粉や麺用の米粉に、手で握れるくらいの硬さになるまで、ぬるま湯を入れて練る（もち米の寒搗き粉を入れるものもある）。練ったものは手にとりだんごに作る。この際、手の握り跡が残るように握る。手の握り跡が、忙しさに追われて握ったことを意味し、握り跡がついているので「にぎりだんご」の名がついている。

　食べ方は、ゴマ、ずんだ（搗った枝豆に甘味をつけたもの）、小豆の餡、黄な粉、くるみをまぶして食べる。残っただんごは汁に入れ、熱くして食べることもある。

②ずんだ餅

　餅は、宮城県の年中行事や祝い事には欠かせない。枝豆をすり潰し、砂

糖や塩で調味した餡を、餅にからめたもので、現在は仙台名物として知られている。伊達政宗が、茹でた豆を陣太刀で砕いたという説、甚太という農夫が考案したという説がある。岩手県にも同様な「じんだ餅」がある。

③じんだつめり

宮城県の郷土料理。じんだ、じんたともいう。じんだは「枝豆」、つめりは「小麦粉を練ったもの」をいう。軟らかく捏ねた小麦粉の生地を延ばし、手でちぎりながら熱湯で茹でたもの。茹でた枝豆は、粒々の残る程度にすり潰し、砂糖、食塩で調味し、「つめり」を混ぜ合わせる。餅にからめると「じんた餅」となる。

④ゆべし

もともと「ゆべし」は、ユズの実の上部を切り取った後、中身をくり抜き、味噌、山椒、クルミを詰めて蓋をし、藁に巻いて乾燥したものである。

仙台をはじめ盛岡、山形で市販している東北地方の「ゆべし」は、餅菓子であり、元来はユズを入れない。ユズの生産地から離れているので工夫したのである。保存性のあるクルミは入手しやすかったので、クルミを入れることができたといわれている。クルミの良質で豊富な油分を活かした菓子なので「油べし」が現在の「ゆべし」の名の由来のようである。江戸時代以前からクルミは、山村にとって貴重なたんぱく質と脂質の給源であったから、利用されていた。

⑤九重／しおがま

餅を薄く延ばして小さなアラレ状に切り、銅鍋に入れて、加熱しながら水飴とユズ、ブドウ、ひき茶のそれぞれの原液を加えて、コーティングして丸い粒状にしたものである。グラスの中で粒がゆらぐ、不思議に思う餅菓子である。杜の 都・仙台が伝える文化として感服されている。仙台の「九重本舗 玉澤」（創業は延宝3［1675］年）が発売している。上質の仙台の米粉を使った菓子は、江戸時代からの銘菓として生菓子にも干菓子にもつかわれている。風味豊かな青紫蘇を散して仕上げているものである。

お焼き・焼きおやつ・お好み焼き・たこ焼き類

①小鍋焼き

農作業の休日や冬に、女性が集まって楽しむおやつである。

小麦粉を小鍋にとり、水を加えてとろりとするまで溶いて、砂糖や味噌で味付けし、これを鉄鍋に油をしいて、厚さは薄く、直径約10cmに流して焼く。やや甘味がありおやつとなる。

②みょうが焼き

子どもの間食として作られることが多い。小麦粉に水を加えて、やや硬めに練る。これをミョウガの葉にのせて延ばし、この上に油味噌やゴマ味噌を塗り、2つ折にして、網の上にのせて焼く。硬いパンのように仕上げる。

めんの郷土料理

麺類の特色　　内陸部の白石地方は、麺作りに大切な水の質がよく、麺の乾燥にも適した気候であるところから「白石温麺」が生まれた。麺は細いが、弾力があり食感もよい。

①白石温麺

素麺は植物油を塗りながら麺を延ばして作るが、白石温麺は油を使わないで作るのが特徴である。江戸時代に病人食として誕生したといわれる。元禄年間（1688～1704）に、鈴木浅右衛門という孝行息子が、病気がちの父親のために油を使わないで、消化のよい麺を工夫したのが、この麺の始まりといわれている。

長さ10cmほどの素麺状態のものであるが、現在は他の地域で作られるような20～25cmの麺も作られている。温麺の「おんめん」が転訛して「ううめん」といわれている。細く短く、淡白で食べやすい。最近は、天ぷらを入れた「天ぷらうーめん」が人気である。みそ汁や豚汁に、この麺を入れて食べる場合もある。

②ほやだしそば

ホヤを煮てだしをとり、醤油味にした汁そばである。具にもホヤを使う。

③うどん

手打ちうどんを食べるとき、地域によっては干した川魚のだしの醤油味の汁で食べる。

くだもの

地勢と気候

　宮城県の西の県境に奥羽山脈が南北に走り、蔵王連峰が連なっている。岩手県境から牡鹿半島にかけての沿岸はリアス式海岸である。北上川と阿武隈川の流域には堆積した土砂による平野が発達し、東北地方最大の仙台平野を形成している。

　宮城県の気候は、全体としては太平洋側の特性を示す。ただ、仙台平野から北上高地の南端にかけての東部と、山地の多い西部では異なる。東部は、海風が入りやすく、夏の暑さは厳しくない。東北地方の中では冬も比較的温かく、一年を通じて穏やかな気候である。西部は、冬に季節風の影響を受け、降雪が多い。

知っておきたい果物

リンゴ　リンゴの栽培面積、収穫量の全国順位はともに9位である。リンゴの産地は栗原市、登米市、気仙沼市、色麻町、涌谷町、石巻市、大郷町、仙台市、亘理町、山元町、蔵王町、白石市、角田市などである。リンゴの出荷時期は9月上旬〜12月下旬頃である。

　矮性台木を使用することで、樹の高さを低くし、脚立などを使わずに作業の省力化や効率化を図る矮化栽培は、県内の約6割で導入されている。

　「サワールージュ」は宮城県初の果樹のオリジナル品種として2011（平成23）年に誕生した。酸味が強くスイーツなどの加工用に適している。大きさは200〜250gの中玉である。

イチゴ　イチゴの栽培面積の全国順位は14位、収穫量は10位である。品目別の農業産出額では7位である。栽培品種は「もういっこ」が主力で、ほかに、「とちおとめ」「紅ほっぺ」「さちのか」も栽培している。イチゴの主産地は亘理町、山元町、石巻市、登米市などである。出荷時期は12月上旬〜7月中旬である。

全農は、2012（平成24）年に宮城県産のイチゴを「仙台いちご」として地域ブランドの登録を受けている。

　「もういっこ」の作付面積は35.9haで、県内のイチゴの作付面積の4割以上を占めている。2008（平成20）年に品種登録した宮城県のオリジナル品種である。うどんこ病などに強く、寒冷地の気象条件に適応している。大粒で、糖度と酸度のバランスが良く、ついついもう1個手を伸ばしてしまう魅力があるという。

　気仙沼市階上地区では、夏季は涼しく、冬季は温暖な気候を活かし、1965（昭和40）年頃からイチゴを生産し、地元市場で「気仙沼いちご」として親しまれてきた。2011（平成23）年の東日本大震災に伴う津波によって、生産施設の9割が全壊するなど大きな被害を受けた。2011（平成23）年度から2013（平成25）年度にかけて、階上いちご復興生産組合と、同第2復興生産組合を組織し、宮城県などの支援を受けて低コスト耐候性ハウスと高設栽培システムを導入し、イチゴ栽培を再開している。

　これとは別に、七ヶ宿町、登米市、栗原市などでは夏季の冷涼な気候を利用して、夏から秋にかけて収穫される夏秋イチゴの栽培が盛んになっている。冬イチゴに比べて酸味が強いためスイーツや加工品向けの出荷が多い。夏秋イチゴの出荷時期は6月〜11月頃である。

ウメ
ウメの栽培面積の全国順位は6位、収穫量は9位である。ウメの産地は、白石市、丸森町、角田市、蔵王町、大河原町など南部と、栗原市、大崎市、登米市など北部に分かれている。出荷時期は6月〜7月頃である。

　角田市では、地元産のウメとシソを使用した梅干しの生産が盛んである。

西洋ナシ
西洋ナシの栽培面積、収穫量の全国順位はともに9位である。栽培品種は「ラ・フランス」「ゼネラル・レクラーク」などである。主産地は蔵王町などである。西洋ナシの出荷時期は10月上旬〜12月下旬頃である。

ブルーベリー
宮城県内でのブルーベリーの栽培は増加傾向にあり、栽培面積の全国順位は10位、収穫量は15位である。主産地は富谷市、蔵王町、大崎市、栗原市などである。出荷時期は6月上旬〜8月下旬頃である。

サクランボ　サクランボの栽培面積、収穫量の全国順位はともに11位である。主産地は栗原市、登米市などである。出荷時期は5月～7月頃である。

スモモ　スモモの栽培面積の全国順位は17位、収穫量は13位である。主産地は蔵王町などである。出荷時期は7月～9月頃である。

日本ナシ　日本ナシの栽培面積の全国順位は21位、収穫量は20位である。栽培品種は「幸水」「新高」「二十世紀」「豊水」などである。主産地は利府町、角田市、蔵王町、気仙沼市、美里町などである。出荷時期は9月上旬～10月下旬頃である。美里町は「北浦梨」で知られる。

利府町は「利府梨」の産地である。代表品種の「長十郎」をはじめ、「幸水」「豊水」「二十世紀」「あきづき」「新高」などを幅広く栽培している。

カキ　カキの栽培面積の全国順位は17位、収穫量は27位である。主産地は、南部の角田市、白石市、丸森町などである。

干し柿は、渋ガキの「堂上蜂屋」か「平核無」を皮むきした後、寒風の中で1か月乾燥させ、渋を抜いてつくられる。出荷時期は10月上旬～12月下旬頃である。

桃　桃の栽培面積の全国順位は静岡県と並んで23位、収穫量は21位である。主産地は七ヶ宿町、白石市、角田市、蔵王町、登米市などである。出荷時期は7月上旬～9月下旬頃である。

イチジク　イチジクの栽培面積の全国順位は5位だが、収穫量は21位にとどまっている。旬は初秋で、主に甘露煮として利用されている。県内各地で栽培されているが、主産地は丸森町、蔵王町、角田市、南三陸町、石巻市、山元町などである。出荷時期は9月上旬～11月下旬頃である。

ラズベリー　宮城県内でも栽培が始まった。主産地は大崎市、石巻市などである。

ユズ　宮城県はユズ生産の北限とされる。ユズの栽培面積の全国順位は21位、収穫量は29位である。主産地は、丸森町、柴田町、角田市、大河原町など県南だが、北部の気仙沼市大島でも栽培されている。

柴田町では、町で最も高い愛宕山中腹の南斜面に古くから自生し、樹齢200年の樹もある。生産地の入間田字雨乞は、昔、人々が天に雨乞いの祈りを捧げた地として知られ、「雨乞のユズ」とよばれる。出荷時期は11月

上旬～12月下旬頃である。

キウイ　キウイの栽培面積の全国順位は22位、収穫量は29位である。主産地は大崎市などである。出荷時期は12月～2月頃である。

ブドウ　ブドウの栽培面積の全国順位は45位、収穫量は44位である。主産地は登米市、東松島市、亘理町などである。出荷時期は8月上旬～10月下旬頃である。

ギンナン　ギンナンの栽培面積の全国順位は19位、収穫量は25位である。主産地は川崎町、栗原市、涌谷町などである。

クリ　クリの栽培面積の全国順位は24位、収穫量は青森県と並んで32位である。主産地は白石市、色麻町などである。出荷時期は10月上旬～11月下旬頃である。

フサスグリ　フサスグリの栽培面積、収穫量の全国順位はともに4位である。主産地は栗原市、石巻市、東松島市などである。出荷時期は6月～7月頃である。

パッションフルーツ　パッションフルーツは、登米市米山でハウス栽培されており、宮城県が栽培の北限とされる。出荷時期は11月～5月と7月～8月頃である。

アセロラ　アセロラの産地は、農林統計では沖縄県だけだが、宮城県亘理町では加湿ハウスにより栽培されている。出荷時期は6月～11月頃である。

地元が提案する食べ方の例

かきサラダ（角田市食生活改善推進員連絡協議会）

　カキと大根を千切りにする。大根は少々の塩を振って混ぜ、しんなりしたら水気を絞る。カイワレ、ホタテの缶詰を加え、マヨネーズ、塩、コショウで和える。

梅ご飯のおいなりさん（角田市食生活改善推進員連絡協議会）

　炊き上がったご飯に、果肉を細かくしたウメ干しと白ごまを混ぜる。横2つに切り、袋に開いて熱湯で油抜きした油揚げを調味料で煮含め、詰める。

鶏肉と梅肉のはさみ焼き（角田市食生活改善推進員連絡協議会）

　縦に包丁を入れたとりささみに、粗刻みした梅干しの果肉、青シソ、砂

糖を混ぜて挟む。肉にパン粉をつけフライパンで焼く。油は少なめに。

りんごのクレープ（角田市食生活改善推進員連絡協議会）

　薄力粉、塩、卵、牛乳を泡立てて混ぜ、薄切りにしたリンゴを加え、バターを溶かしたフライパンに流して焼く。クレープを向こう側に折り、裏も焼く。

りんごシェーク（角田市食生活改善推進員連絡協議会）

　リンゴ1個を皮と芯を取ってザク切りにし、変色を防ぐため塩水にさらす。牛乳400cc、砂糖、少量のバニラエッセンスとともにミキサーにかける。

消費者向け取り組み

- リンゴ狩り　山元町りんご組合
- リンゴ狩り　亘理りんご組合
- いちご狩り　JAみやぎ亘理吉田観光いちご園、亘理町
- リンゴの木のオーナー　上沼観光わい化りんご生産組合、登米市

魚　食

地域の特性

　宮城県は、東北地方の東南部に位置し、南北に長い地形をしている。東は太平洋に面し、牡鹿半島まではリアス式海岸である。仙台湾は牡鹿半島から福島県の鵜の尾崎に至る湾で、湾内には漁業基地の石巻・塩釜・松島湾などが存在する。宮城県は北上・名取・阿武隈などの各河川から注がれる栄養源により、海産生物の生育に適している。とくに、静かな仙台湾は、カキの養殖に適し、日本産のマガキのほかに、他の種類のカキの養殖も試みられている。

　仙台湾は、氷河期の終わり頃（約260万年前）は陸地であったので、現在の仙台湾は遠浅の大陸棚が広がっている。石巻湾は仙台湾の奥部に位置し、牡鹿半島により外洋のうねりが遮られているので、波は穏やかである。松島湾には大小さまざまの島々が多く、内海になっているので、ここも穏やかである。

　仙台湾には、北上川、鳴瀬川、阿武隈川などの大きな河川が流入しているため、沿岸部は魚介類にとって重要な栄養成分が豊富である。多賀城、塩釜、石巻などの漁場は、漁業基地としての機能を果たしている。主な漁業資源には、カレイ、マアナゴ、アカガイ、ホッキガイ、ウニ、カキがあり、外海と内海を利用したマガキやノリの養殖も盛んに行われている。

魚食の歴史と文化

　1600（慶長5）年、伊達政宗が青葉山にある国府氏の居城「千代城」に移って、翌年、城を改修して「仙台」と名付けた。安土桃山時代に伊達政宗が松島湾に塩釜港に開き、名取川（広瀬川）や七北田川とも往来できるようにした。明治時代になり、松島湾には西洋式近代貿易港が着工された。さらに、仙台平野のすべての水系、福島県の阿武隈川水系の川船によるネットワークが完成している。松島湾には大小260余の島々がある。芋煮会

は秋に宮城県や山形県で行われる鍋料理である。江戸時代に最上川上流に荷物を運ぶ船頭たちが、河原で干魚とサトイモを煮て食べたのが始まりといわれている。仙台湾には漁港が多く、魚食には不自由がなかったが、山間の地では、魚は大切なたんぱく質供給源であったのである。仙台湾は、栄養豊かな松島湾を擁しているので、海藻類やカキ、ホヤ、ギンザケの養殖が行われている。

金華山のある牡鹿半島は世界三大の漁場

牡鹿半島は北上山系の南端が太平洋に突き出たところである。その先にある島が金華山で、牡鹿町に属する。金華山は島であるが、「島の名のない珍しい島」といわれている。金華山の中腹には黄金山神社がある。古くは、この神社には金山毘古神、金山比売神が祀られて、金銀財宝の守護神、施福開運の神として多くの信仰があった。牡鹿半島の突端の漁港の鮎川町は、古くはクジラ漁の町として知られていた。鮎川とクジラの結びつきは1838（天保9）年に、仙台藩主が鯨組みの組織を命じ、網取式による捕鯨が行われたと伝えられている。明治時代には、近代捕鯨の技術で捕鯨を行うようになったといわれている。

　金華山沖は暖流と寒流の混合するところで、回遊魚にとっては餌が豊富に存在するので世界三大漁場の一つとなっている。しかし、地球温暖化の影響で潮流に変化がみられ、必ずしも金華山沖が好漁場であるとはいえなくなった。

宮城県のカキ養殖は1600年代から

松島湾におけるカキの養殖は、1600年代に、内海庄左衛門という人が、松島湾の島々で天然に大量に付着しているカキを集め、これを適当な海面に散らして育てたのが始まりといわれている。1800年代には貞山運河入り口の海面の発生する天然稚貝を集め、適地へ移植・保護することを始めている。1800年代に、広島県からカキ養殖の専門家を招き、養殖技術を図ったが成功しなかった。その後、宮城県水産試験場が設立され、カキの養殖が本格的に行われるようになった。1900年代前半には、神奈川県で開発された垂下式養殖法が導入された。仙台湾に注ぐ名取川や北上川、松島湾の北に注ぐ鳴瀬川などからの栄養分と静かな湾がカキの養

殖に適していた。松島ガキの身の大きさは中粒で、清浄な海域で養殖されているので、生食にも適している。

知っておきたい伝統食品と郷土料理

地域の魚介類
春から夏にかけては、ウニやホヤの美味しくなる時期であり、ワカメの採集が盛んになる。5月にはマグロも漁獲され、6月にはカツオが黒潮にのって北上してくる。塩釜や石巻の漁港はこれらの漁獲物で活気づく。初夏にはモウカザメの旬となる。夏はホヤ、スズキ、ヒラメが美味しくなる。秋にはサンマが北海道沖から南下し、塩焼のほか刺身などで食べる。10月にはサケが産卵のために、宮城県の河川の河口付近に近づき、やがて河川を遡上する。古くから阿武隈川、北上川はサケが遡上する川として知られている。この時期は、イカ漁も盛んになる。冬には天然のカキも養殖のカキも出回る。冬にはメヌケも獲れる。

現在、利用されている主な魚介類は、ギンザケ（南三陸町、養殖）、カツオ（金華山）、ハゼ（松島湾）、ボッケ（ケムシカジカ、深海魚）、サメ（気仙沼、サメの肉は練り製品、ヒレは乾燥して中国料理）、ホタテガイ（三陸）、ホッキガイ（山元町）、アワビ（三陸）、カキ（牡鹿）、エゾアイナメ（ドンコ）、マガレイ、マコガレイ、ホシガレイ、イワガキなど。

金華山沖で漁獲され仙台中央市場に集まる珍しい魚としては、ウチワフグ、シマガツオ、ヨリトフグなどがある。

伝統料理・郷土料理

①川魚の料理
- **主な川魚** ヤマメ・ウグイ・アユ、イワナなど。アユの生鮮魚や干物は平安時代から朝廷で珍重されていた。アユは洗い、田楽（魚田）、焼き干し、から揚げなどで賞味されている。焼き干しは雑煮やダシに使われる。ヤマメはサクラマスの仲間で一生を河川内で過ごし、30cmほどの魚。塩焼、飴だき、魚田楽などの食べ方がある。ウグイはコイ科に属する。素焼きや三杯酢で賞味することが多い。
- **イワナの味噌焼** イワナはサケ科に属し、ヤマトイワナ、ニッコウイワナ、アメマス、オショロコマなどの種類がある。ここでは、アメマス（エ

ゾイワナ）が使われる。清流の砂場などでアウトドアの楽しみとして作る料理。仙台だけに仙台味噌を使うのが特徴。串に刺したイワナに化粧塩をして焼き、焼けたら表面に酒と砂糖でのばした仙台味噌を塗り、軽く焼く。

②カキ料理

● **かき鍋**　かき鍋は宮城県ばかりが特別な料理ではないが、仙台味噌を土鍋に塗ってつくるかき鍋は、白味噌とは違った格別なうま味がある。仙台味噌の風味がカキの生臭みを消してくれる。かき鍋の材料はカキのほかに、焼き豆腐、コンニャク、長ネギ、シュンギクである。養殖カキは、大粒である。細菌による中毒が起こりやすいので、鍋のように加熱して食べるのが常識である。

● **生食**　生食用のカキは中粒のものを選ぶ。天然のものは水洗いをしないで食べる。

③ニシン料理

● **身欠きにしんの味噌煮**　コメのとぎ汁で戻した身欠きにしんを食べやすい大きさに切り、軟らかくなるまで煮て、酒・塩・砂糖・仙台味噌で調味したもの。

④ホヤ料理

ホヤ（学名はマボヤで原索動物のマボヤ科に属する）の外側の殻は赤橙色でやわらかい。パイナップルの形に似ているので「海のパイナップル」といわれている。紀貫之の『土佐日記』にも登場しているので1000年以上も前から食用とされていた。可食部は殻の内部の筋肉と内臓。独特のにおいの成分は不飽和アルコール。

● **ほや雑煮**　石巻、志津川や築館地方で作る雑煮。ホヤ（マボヤ）は1人1個あて、2つに割って入れるのが基本。前もって醤油、酒で下ごしらえしておき、ゴボウ、ハクサイ、大豆モヤシ、凍り豆腐、セリをいれた汁に、ホヤ、餅を入れる。汁は醤油のだし汁。昔は塩辛、塩蔵物、ひき菜、凍み豆腐を使った。三陸沿岸の特産物のホヤでだしを調製し、具にもホヤを使った全国的にも珍しい雑煮。ホヤの旬は夏であるが昔は塩辛や塩蔵物などの保存食を正月に使った。現在は冷凍品を使っている。

● **ホヤとキュウリ**　ホヤ料理には必ずキュウリを添える。ホヤの爽やかさとキュウリの爽快さが合うからであろう。

- ホヤの天ぷら　ホヤの筋肉を水切りし薄塩にして天ぷらにする。
- 味噌和えとショウガ醤油　二杯酢で食べることが多い。ホヤの身は酢で洗い、味噌和えにしたりショウガ醤油で食べる。
- ホヤの塩辛　ホヤの筋肉と内臓を塩蔵して作ったもの。ホヤ特有の香りがあり、酒の肴に合う。

⑤蒲鉾
- 笹かまぼこ　もともとは、タイ、ヒラメ、カレイ、キチジ、タラ、サメなどの白身魚のすり身を笹の葉の形にして炭火や電熱で加熱した練り製品。伊達家の家紋の竹に書かれた笹にちなんで笹かまぼこの名がついた。
- カステラ蒲鉾　石巻の名物で、砂糖と卵をたっぷり入れて作る蒲鉾。

⑥アイナメ料理
- エゾアイナメのドンコ汁　宮城県気仙沼の郷土料理。三陸海岸で漁獲されるエゾアイナメを使った粗汁。エゾアイナメは煮つけ、天ぷらでも美味しい。

⑦カツオ料理
- カツオの料理各種　刺身、たたき、粗汁（みそ汁に粗を入れる）、照り焼きなど。
- ホスコ　カツオの心臓の味噌煮。酒の肴として人気である。

⑧サンマ料理
- サンマの刺身　千葉の銚子沖へ到達前なので脂肪分はそれほど多くなく、刺身の味はさっぱりしている。新鮮なサンマは三枚におろし、皮を取り除き、細切りしてしょうが醤油をつけて食べる。
- ヌタ（酢味噌和え）　三枚におろし、皮を取り除いた身は、そぎ切りにし、酢で洗い、さらしネギと酢味噌で和えてヌタとする。

⑨サケ料理
- はらこ飯　宮城県の亘理や河北地方の郷土料理。サケの身肉と生の卵をご飯に混ぜ込んだものである。昔の漁師は、サケの生の卵を熱いご飯に混ぜて食べていたといわれている。生のハラコは、薄い膜で包まれているので、包丁でこの膜を縦に裂いて、持ちやすく切ったダイコンで皮をこするようにして卵粒をばらばらにしながら器に受け取るのがコツ。ご飯は炊きあがってからハラコをのせて蒸す。
- サケの混ぜご飯　サケの身肉をほぐしてコメに混ぜて炊いたもの。

- その他のサケ料理　照り焼き（付け焼き）、塩焼など。加工品として塩引き、新巻ザケに。卵粒はイクラの塩漬け、醤油漬け。未成熟の卵巣は筋子。
- ギンザケの養殖　ギンザケの養殖は、宮城県が発祥の地で、女川を中心に行われている。自然界では北太平洋のほぼ全域からオホーツク海、ベーリング海沿岸の河川に遡上する。日本沿岸における河川への遡上は少ない。宮城県では、北アメリカから受精卵を輸入し、1年ほど淡水中で育てた後で、食用サイズになるまで沿岸の網生け簀で畜養する（海面養殖）。親魚からの採卵は福島県の阿武隈川の施設で行い、これを稚魚まで育て、宮城県の女川の沿岸の網生け簀へ移植し、食用サイズまで育てる。現在、チリからの輸入したギンザケが多く流通している。肉はオレンジ色がかった薄桃色である。養殖ものなので、天然のシロザケやベニザケ、カラフトマスの筋肉のように寄生虫は存在しないので、刺身やすしタネのような生食が可能である。塩焼、付け焼き、ムニエルなどで賞味されている。

⑩メヌケの料理
- メヌケ汁（メヌケの粗汁）　メヌケとはアコウダイのこと。二枚におろしてブツ切りし、ダイコンとともに味噌で煮込んだもの。その他、粕漬けや蒲鉾の原料とする。

⑪その他の料理
- アワビとウニの磯焼き　海水で洗ったアワビとウニの生殖巣を浜に作った炉の石の上で焼いて食べる。気仙沼や牡鹿半島の野外料理。
- アワビの生食　生きているアワビに塩を振り、ヌメリをこすりとる。アワビの身を取り出し、刺身、水貝、すしタネにする。
- 仙台雑煮　ダシとしてカツオ節とハゼの焼き干しを使う雑煮。金槌でたたいた干しダイコンを裏ごしして加える、その後で野菜と餅を加え、セリを散らす。

⑫その他
- ぼたん竹輪　1882（明治15）年、宮城県気仙沼で大量に漁獲されたアブラツノザメの利用を目的として開発された。ヨシキリザメのすり身などのデンプンを加え、調味し、ステンレス製の焼き串に成型し、焼き炉内で焼いた竹輪である。肉厚で焼き皮のぼたん様と膨らみが特徴である。

この膨らみが全体に広がっているのは、サメのすり身の特性である起泡性と脂質に起因している。焼き皮がぼたん様に大きく膨れているのが良品とされている。

- 笹かまぼこ　江戸時代中期の文化・文政年間（1804〜29）に、塩釜沖で大量に漁獲されたマダイやヒラメのすり身を焼いて保存したことに始まる。明治初年に、仙台の蒲鉾職人が、松島湾のヒラメのすり身を手のひらでたたき、笹の葉の形にして焼いたものを考案し、後に仙台・塩釜の名物となった。その後、ヒラメのすり身の葉に型抜きして焼くようになった。笹の葉は、江戸時代の仙台藩主伊達政宗（1567〜1636）の家紋（竹・スズメ・笹）に因んでいるといわれている。現在の原料は、スケトウダラ、オヒョウ、キンキ、マダイ、ヒラメなどである。

肉　食

牛タン弁当

▼仙台市の1世帯当たりの食肉購入量の変化 (g)

年度	生鮮肉	牛肉	豚肉	鶏肉	その他の肉
2001	33,292	4,859	15,827	9,290	2,341
2006	34,252	3,711	19,456	14,887	1,335
2011	34,649	4,199	18,096	11,012	1,158

　宮城県内に開けた平野は米どころとして知られている。東北地方の中で
も寒さは厳しいが、平野があるため先進地として発展した。江戸時代には、
伊達家の城下町であったことから仙台を中心に中央の文化に強い関心をも
っていた。

　宮城県の西部には奥羽山脈、東には北上高地、中央部には北上・名取・
阿武隈の諸河川が流れる平野があり、比較的温暖で農作物の生産量は高い。
農業や水産業（養殖業）が発達しているためか、岩手県に比べれば銘柄牛
の種類が少ない。

　食肉関係では「牛タン料理」がよく知られている。「牛タン料理」の発
達は第二次世界大戦後、昭和20年代の終戦直後の混乱期に日本が復興に
向けて歩み始めた時代に、手軽に営業のできる多くの焼き鳥屋が「牛タン
焼き」を提供したことに由来するといわれている。牛タン料理は伝統料理
や郷土料理として生まれたものではなく、第二次世界大戦後の食料難から
生まれたといえる。

　2001年度、2006年度、2011年度の仙台市の1世帯当たりの生鮮肉、牛肉・
豚肉・鶏肉の購入量は、秋田県や山形県よりやや少ない傾向にある。

　代表的な銘柄牛には仙台牛がある。仙台牛の格付けは厳しく、仙台牛生
産肥育体系に基づき個体に合った適正管理を行ったものでなければならず、
肉質にも厳しい条件がある。神戸牛や飛騨牛よりもランク付けが厳しい。
宮城県の養豚業者は少なく銘柄豚も少ない。農業や水産業が発達している
ので、ブタの飼育が発達しなかったと感じられる。

宮城県は、国内でも有数の美味しい米がとれる自然環境であり、良質の水も豊富である。このため仙台牛は（公社）日本食肉格付協会によってA5、B5というハイクラスのみを占める。

❶漢方和牛

栗原地区で飼育している和牛。健康なウシを飼育する目的で、14種のハーブをブレンドしたオリジナル飼料を開発して与え、8か月で肥育を仕上げる。肉質は特有な臭いがなく、赤身が美味しい。常温では液体のオレイン酸やその他リノール酸などの不飽和脂肪酸が多いので、軟らかい。肉が硬くなるまで加熱しないほうが一層美味しく味わえる。焼肉、煮込み料理、ステーキに向く。

❷仙台牛

宮城県の豊かな自然環境で飼育した黒毛和種。その肉質は霜降り状態もよく、日本食肉格付協会の評価は A-5、B-5 と最高のランクである。口当たりはまろやかで、十分なジューシーさを堪能できる。脂肪組織と赤身肉のバランスもよく、しゃぶしゃぶ、ステーキ、焼肉で美味しく食べられる。

❸新生漢方牛

黒毛和種、褐毛和種、黒毛和種×褐毛和種、和牛間混雑種、交雑種などいろいろな品種がある。

仙台の「牛タン焼き」

宮城県の最も有名な肉料理は「牛タン料理」であろう。

仙台の牛タン焼きが登場したのは、第二次世界大戦が終わり、日本が復興に向けて歩み始めた1948（昭和23）年といわれている。「太助」という食堂の店主・故佐野啓四郎氏が、洋食料理の中で使われていた牛タンの料理法を試行錯誤した結果、「仙台牛タン」が誕生したとの歴史的な逸話が伝えられている。初期は焼き鳥同様に串に刺した形で提供されていたが、最近は炭火焼きのようなスタイルで提供されている。

仙台牛タン焼きの店は、仙台だけでなく各地に展開され人気である。焼肉店のメニューにも牛タンは欠かせない存在となっている。

牛タン焼きの人気が高まるに伴い原料の入手が問題となってきた。宮城県内でウシを飼育しているのは、余裕のある農家であり、県内だけでは原

料の牛タンは確保できないので、県外からも集めるようになった。低温輸送が発達した現在では、海外からも輸入していると聞いている。

牛タン焼きで、変わらぬ人気料理は、「牛タン定食」(牛タン焼き、ご飯、味噌汁、漬物のセット) と駅弁の「牛タン焼き弁当」であろう。

タレは塩、焼肉と同じような特製タレを付けて食べる。茹でてワサビ醤油またはワサビと塩を付けて食べる方法も合う。焼き方は炭火で丁寧に裏返しながら焼くのがよい。一般に焼肉店では、自分で焼いた牛タンにレモンの絞り汁をかけるか、塩やタレを付けて食べるが、「仙台牛タン焼き」の場合は、店員が塩やタレをつけた牛タンを炭火で焼いて提供してくれるのがルールのようである。蒸した牛タンに塩をふり、ワサビで食べる方法を提供する店もある。

家庭用コンロの場合は、フライパンに油をひかずに中火で焼くのがよい。タンは脂質含有量が多いので食感は滑らかである。

牛タンは適度な脂肪が入り、煮込めば煮込むほど軟らかく、コクのある料理となる。その例としては、タンシチュー、牛タンしゃぶしゃぶがある。脂肪が多いので刺身やすしなどの生食は避けたほうがよい。

仙台牛の料理

仙台牛はウシの飼育農家が「仙台牛肥育体系」に基づき、個体に合った適正管理を行い、宮城県内で肥育された肉牛である。さらに、(公社) 日本食肉格付協会枝肉取引規格が、A5またはB5に評価されたものと決められている。

仙台牛の歴史は、1931 (昭和6) 年に宮城県畜産研究所が、肉質向上のために兵庫県から種牛を導入することから始まった。1974 (昭和49) 年に兵庫県の名牛といわれた「茂金波号」を導入し、高級品質の牛肉を作り出すことに成功した。

仙台牛が特別に美味しいと評価されるのは、美味しい米の「ささにしき」の生育に必要な良質な水と、「仙台牛肥育体系」に基づいて丁寧に育てていることによるといわれている。

一般的な料理には、国産黒毛和牛同様に仙台牛もすき焼きの材料となる。宮城県の肉料理専門店では、仙台牛のすき焼き、黒毛和牛すき焼き、仙台牛ヒレすき焼きなどと区別している。

ほかの仙台牛料理としてはしゃぶしゃぶ、ステーキなどがある。もちろん、仙台牛だけでなく黒毛和牛の料理も各種ある。気軽なところでは「す

き焼き重」や肉じゃが、牛丼に、仙台牛や黒毛和牛の切り落としを使えば、庶民的料理も普段よりも美味しいものとなる。スジ肉は牛すじ丼で提供されている。

知っておきたい豚肉と郷土料理

豚肉の生産は、米に次いで多かったが、現在は養豚業者は少しずつ減少している。理由は、少子高齢化にともなう後継者不足のようである。

❶しもふりレッド

宮城県畜産試験場が、ほどよい霜降りの割合を目指して8年の歳月をかけて改良した良質の肉質をもつブタ。軽くゆでて食べる「しゃぶしゃぶ」に適している。やわらかい食感、肉のうま味と甘味の評価が高い。その他の料理にも使用できるが、適度に含む脂肪を生かした料理がよい。

❷宮城野豚(ミヤギノポーク)みのり

宮城県全域で飼育。宮城県が系統造成したデュロック種の「しもふりレッド」を交配させた肉用豚（LWD種）である。肉質は軟らかく多汁性で、脂肪の融点は低いので、口腔内ではとけるようなやわらかい食感となる。バラ肉のしゃぶしゃぶは、手軽で美味しく味わえる料理である。

- **仙台ラーメン**　豚肉からつくるチャーシューは、仙台ラーメンのトッピングに使われている。

- **その他の豚肉料理**　豚肉料理と知られているとんかつ、生姜焼き、野菜炒めの具などに使われている。宮城県は豚肉文化圏で、カレーやすき焼きには豚肉を使う場合が多い。

- **豚のあら汁**　大崎市田尻の郷土料理で、豚と大根の汁物。

知っておきたい鶏肉と郷土料理

❶みちのく鶏

白色コーニッシュ×白色プリマスロックの交配種。植物性多糖類を多く含むカボチャの種やスイカズラの花なども配合飼料に混ぜている。飼育は明るい環境で十分な運動をさせている。肉質は、皮下脂肪は少なく筋肉繊維が発達し、食感がよい。

- **鶏肉料理**　地鶏の店は多いが、各地の地鶏を産地直送の形で入手し、焼き鳥、親子丼などに使われる。

知っておきたいその他の肉と郷土料理

　自治会としては鳥獣害対策を目的として。イノシシやシカの駆除利用を実行しているが、仙台市の他、塩釜市などのフレンチ、イタリアンレストランがジビエ料理の提供を行っている。

- **クジラの味噌焼き**　現在の石巻市の鮎川港は捕鯨の基地として栄えた。国際的に商業捕鯨が制限または禁止されるようになると、年に一度の南氷洋で捕獲したクジラの水揚げも調査捕鯨として捕獲したクジラの一部の水揚げと日本沿岸で捕獲したクジラの一部となった。捕鯨の基地として栄えていたときには、数々の鯨料理として食されていた。「クジラの味噌焼き」もその一つである。鮎川では、鯨肉に薄く塩をして、1日間乾燥し、これを醤油、酒を入れてとろみをつけた味噌に2日間漬けこむ。網焼きで食べる。

- **鯨のとえの味噌汁**　宮城県の郷土料理。"とえ"とは、尾羽の皮を塩蔵したもの。昔捕鯨が盛んだった牡鹿半島の鮎川で獲れた鯨は、塩蔵して各地に輸送された。宮城の山間部では新鮮な肉類が手に入りづらかったので、塩蔵した皮で味噌汁が作られた。

- **鹿肉料理**　「246COMMONN」による地域活性のイベントとして、平成25年10月27、28日の両日に、牡鹿半島のお母さん方の手仕事ブランドの「OCICA」を開催した。ホタテ、カキの三陸の海の幸に牡鹿半島のシカ肉を組み合わせた自慢の料理を提供し触れ合いの機会をつくった。3・11の東日本大震災によるショックから立ち上がろうとした行事である。この地以外の鹿肉料理の店（宮城県内には18店がある）では北海道産のシカ肉を使用しているところが多い。

- **熊肉料理**　宮城県栗原市栗駒岩ケ崎六日町に狩人料理の店があり、クマ汁、クマ肉のぶっかけ飯、クマ肉の刺身、クマ肉のカレーなどを提供している。

- **イノシシ料理**　阿武隈山系はイノシシが棲んでいる北限地である。阿武隈・蔵王の伊具郡丸森町にはイノシシ料理の商標登録をとっている寿司店がある。イノシシシチューやイノシシ肉入りのカレーのレトルトを開発している会社もある。

地　鶏

▼仙台市の 1 世帯当たり年間鶏肉・鶏卵購入量

種　類	生鮮肉（g）	鶏肉（g）	やきとり（円）	鶏卵（g）
2000 年	39,094	9,810	1,537	34,824
2005 年	36,528	9,332	1,686	33,401
2010 年	38,613	10,722	1,875	28,119

　仙台市の名物肉料理には、牛タン料理がある。もともとは、仙台牛の牛タン（「タン」は英語の tongue に由来）焼きとして庶民の料理から始まったものである。今でも、牛タン定食、牛タン弁当が人気なのは、庶民の料理の名残であろう。比較的脂肪含有量が多く、やわらかい肉質であることが人気となったのである。焼肉用な食べ方、茹でてワサビ醤油で食べる方法などがある。牛タンを食べるのは仙台市だけと思われがちであるが、以前から畜肉の副生産物として串焼きなどで食べられていた。総務省統計局発行の「家計調査年報」には「牛タン」の項目がないのは、全国の焼肉店で利用しているものの、家庭での利用が少なく、一般消費者への販売量が少なく、地域的な専門店での利用が多いからであると思われる。

　仙台市の名物が牛タン料理であるなら、牛肉の購入量を参考にする。

　「家計調査年報」（総理府統計局）によると、仙台市の年間（2000年、2005年、2010年）の 1 世帯当たりの牛肉・豚肉・鶏肉の購入量の変移は表のとおりである。

▼仙台市の 1 世帯当たりの食肉の年間購入量

	鶏肉（g）	牛肉（g）	豚肉（g）
2000 年	9,810	7,198	17,942
2005 年	9,332	4,700	19,694
2010 年	10,722	5,238	19,198

　表に示されているように、2005年の鶏肉・牛肉の購入量が減少しているのは、鳥インフルエンザ感染や BSE の発症と関係があったのかもしれ

ない。どの年代でも鶏肉や牛肉の購入量が豚肉に比べて少ないのは昔から
いわれている東北地方の豚肉食文化の影響によるものと思われる。現在、
利用している牛タンは、カナダから輸入している。

　牛タンが庶民の料理として発達したのだから、仙台市では鶏肉も庶民の
料理として発達できる要素はもっているといえるが、県庁所在地を仙台市
とする宮城県は、古くから笹かまぼこで知られているように水産加工品の
発達している地域なので、養鶏の発達が遅れたのではないかと推察してい
る。宮城県人はあれこれと工夫するのが得意らしい。牛タン料理は、捨て
る副産物の利用として工夫されたものかもしれない。仙台市は東北地方で
他所のものを受け入れやすい地域であるので、県外とくに東京を中心とす
る関東地方の料理を積極的に導入したと思われる。

　宮城県のよく知られている銘柄鶏は、みちのく鶏である。銘柄牛には仙
台牛（仙台牛）、漢方和牛などがある。みちのく鶏は、主として、正肉、
副産物（内臓など）が出荷されている。県内には30カ所以上の養鶏場が
あり、それぞれこだわりの鶏を生産している。宮城県の銘柄鶏には、みち
のく鶏のほかに、COOP若鶏、宮城県産森林どりが生産されている。

　鶏卵についても、赤玉の卵も白色の卵も生産し、県内に販売している。
鶏卵の1世帯当たりの購入量は、2000年よりも2005年が少なく、2010年
はさらに少なくなっている。2011年の購入量は、29,843gと少し増加して
いる。2000年以降、卵の価格が少し高くなったことも関係し、2011年以
降になりやや安定してきたために購入量が増加したと考えられる。

　宮城県の農家での鶏卵の利用は、主として「卵かけご飯」で、農家の庭
の鶏舎で飼育していた鶏が毎日、産み落とした生卵を割卵し、濃口醤油を
入れ、かき混ぜてご飯にかけて食べる素朴な食べ方ではある。毎朝食べる
1個の生卵は、農家の人にとって大切なたんぱく質供給源であった。港町
で生活している人は、サケの卵のイクラや筋子を利用する機会が多かった
ので、鶏卵を利用する機会は少なかった。

知っておきたい鶏肉、卵を使った料理

● 卵入りうーめん　郷土料理。白石市名物の温かい素麺で、通常、植物油を
　塗りながら麺を延ばすところを、油を使わないで作り、長さも約10cm
　と短いことが大きな特徴。"温麺"が、"おう麺""うー麺"に転訛した。

江戸時代、孝行息子が病床の父親のために、油を使わないで、消化が良く、体が温まる食べ物として作ったのが始まりといわれる。栄養価を高め、色どりよくするために、卵が練り込まれている。白石地方は、水の質が良く、冬の蔵王おろしは、そうめんの乾燥に適していた。江戸時代には、"白石三白"といい、和紙と葛粉とともに、このう一麺が白石の名産で、盛んに製造されていた。

- **甘ったれうどん**　蔵王のご当地グルメ。北海道産の小麦粉で打ったうどんを茹で、醤油ベースの甘い特製ダレをかけ、生卵の黄身を載せ、刻みねぎを散らしたうどん。トッピングには、削り節や納豆、しらす、などをお好みで。名前は、スープが「甘いたれ」なのと「作り方が簡単で"あまったれ"る」に由来する。"卵かけご飯（TKG）"や讃岐の"かまたまうどん"にヒントを得たようだ。蔵王町の高野本店が作る。

- **石巻やきそば**　郷土料理。蒸篭（せいろ）で二度蒸した茶色い麺が特徴の焼きそば。元々は日持ちを良くするために二度蒸しを始めたが、その独特に香ばしい香りが評判になった。焼きそばの上に目玉焼きが載るのが定番。味付けは、ソースではなく魚介のだしが基本だが、最近は各お店で独自の工夫がなされている。

卵を使った菓子

- **萩の月**　卵を使った銘菓。宮城県の県花のミヤギノハギが咲き乱れる宮城野の空に浮かぶ名月をかたどったお菓子。卵をたっぷり使ったカスタードクリームを高級カステラ生地でふんわりと包んだ。仙台市の菓匠三全が製造する。

地　鶏

- **蔵王地鶏**　バブ・コーチンや烏骨鶏などから作られた秦山鶏と名古屋コーチンを交配。烏骨鶏の血を引き、鶏肉の繊維質が細くしっかりしており、適度な歯応えが特徴。穀物主体の専用飼料により、余分な脂肪が付かずに、独特の風味がある。

- **宮城県産森林どり**　体重：平均3,000g。専用飼料に森林エキスの木酢酸とビタミンＥを加えて育てた、低カロリーで低脂肪、ビタミンＥが豊富なヘルシー若どり。飼養期間は平均52日。鶏種はチャンキー。丸紅畜産が生産する。
- **みちのく鶏**　空気の清浄な環境のもとで、カボチャの種子、スイカズラの花などを加えた特殊な配合飼料を与え、宮城県桃生郡で生産されている。

たまご

- **花たまご**　良質の魚粉やきな粉を豊富に与えるのでDHAやレシチン、ビタミンが卵に多く含まれているので、健康志向の強い方に合った卵。DHAは頭を良くするといわれており、ビタミンＥは抗酸化作用、レシチンは生活習慣病の予防に。ヒナの時から安全安心の飼料で育った鶏が産んだ卵。花兄園（かけいえん）が生産する。
- **宮城栗駒高原　森のあおば**　飼料に酵母と酵素を加えて健康な親鳥から産まれた新鮮で美味しい卵。ヒナのときから十分な体調管理を行い、元気に育てた若い鶏から産まれた卵。岩島産業が生産する。

県鳥

ガン、雁、かり（カモ科）　大型の水鳥の総称で、白鳥に次いで大きな、マガン、ヒシクイなど代表的な渡り鳥を指す。宮城県は国内最多のガンの飛来地。"カリ"の名前の由来は、春になると北へ帰ってゆく"帰り"の中略とする説が有力だ。雌雄同色で地味。渡り鳥は、群れで飛ぶ際、気流の乱れを避けるためにＶ字編隊飛行をする。マガンは準絶滅危惧（NT）、ヒシクイは絶滅危惧Ⅱ類（VU）。

汁　物

汁物と地域の食文化

　仙台を中心とする宮城県は、古来東北地方の要として東北の経済や文化の発展に大きな役割を果たしてきた。とくに伊達政宗は仙台藩の発展に大きく貢献し、宮城県の郷土料理や伝統料理にも仙台藩が関与してきた。

　宮城県の東は太平洋に面し、陸中海岸に続く海岸線には良港があり、魚の水揚げ量は多い。穏やかな松島湾ではカキの養殖に適している。西には奥羽山脈が連なる。阿武隈川、北上川にはさまれた仙台平野はコメをはじめとする農業に適している。このような環境で生産されたコメ、大豆、小豆、伝統野菜、魚介類は各地に伝統の味や郷土料理を作り出している。各地の伝統料理には、上方から伝えられたもの、戦国時代以来の文化伝来の影響を受けているものも多いと伝えられている。

　宮城県の農作物やその加工品では、銘柄米としては「ササニシキ」が有名であるが、冷害に遭ってから、寒さに強い「ひとめぼれ」の生産が多くなった。大豆の加工品では仙台味噌、仙台納豆、枝豆を擦り潰した「ずんだ」をつけた「ずんだ餅」などがある。仙台味噌は熟成期間の長い赤味噌系である。味噌汁には赤味噌を使ったものが多い。

　宮城県の面する太平洋は、金華山沖で南からの暖流と北からの寒流が交わり、カツオをはじめとする回遊魚が宮城県に所属する漁港に水揚げされる。とくにカツオの粗汁は宮城県から福島県までの太平洋に面する漁港のある街の郷土料理である。

汁物の種類と特色

　カキの養殖で有名な松島湾は、2011（平成23）年3月11日の東日本大震災により、カキ養殖用のイカダが破損、または流出したため、しばらくは養殖が不可能となり、養殖業者は再建に苦慮しているところである。震災前の松島湾で生産したカキの種苗は、日本各地だけでなく、世界のカキ

　凡例　1世帯当たりの食塩・醤油・味噌購入量の出所は、総理府発行の2012年度「家計調査」とその20年前の1992年度の「家計調査」による

養殖場に向けて輸出していた。震災前の松島湾のカキは、広島の養殖場の水質に比べると清涼で良質のため「生食用のカキ」として人気があった。

　カキの汁物には、味噌を鍋の内側に土手のように塗った中でカキを煮る「土手鍋」、野菜類とカキを具にした醤油仕立ての「カキ鍋」がある。タラの粗とダイコン、ジャガイモなどの根菜類を味噌仕立てで煮た粗汁の「たらの粗汁」や、ドンコ（エゾイソアイナメ）のぶつ切りとダイコン・ジャガイモを味噌仕立てで煮た「どんこ汁」がある。魚類は、魚臭さを和らげるために味噌仕立てにすることが多い。針のように細く切ったダイコンとサンマのすり身を入れた味噌仕立ての「松葉汁」もある。

食塩・醤油・味噌の特徴

❶食塩の特徴

　石巻の製塩所では、石巻沖の海水をポンプで取水し、加熱蒸発して「伊達の旨塩」を作っている。

❷醤油の特徴

　味噌醸造会社が宮城県独特の醤油（濃口醤油や吟醸醤油）を作っている。松島湾特産のカキのエキスを入れた「カキ醤油」などもある。

❸味噌の特徴

　伊達政宗（戦国時代から江戸時代の武将。仙台藩の初代藩主。1567〜1636）の軍用味噌工房「御塩噌蔵」に由来する「仙台味噌」は代表的赤味噌である。猛暑の陣中でも長持ちした味噌であった。赤味噌は熟成期間が長いので、アミノカルボニル反応により濃い赤色となる。

1992年度・2012年度の食塩・醤油・味噌の購入量

▼仙台市の１世帯当たり食塩・醤油・味噌購入量（1992 年度・2012 年度）

年度	食塩（g）	醤油（mℓ）	味噌（g）
1992	4,150	12,058	13,366
2012	1,491	5,853	6,498

▼上記の1992年度購入量に対する 2012 年度購入量の割合（%）

食塩	醤油	味噌
35.9	48.5	48.6

1992年度の食塩・醤油・味噌の購入量に比べると、2012年度のそれらの購入量は、食塩では約36％までに、醤油と味噌は約50％に減少している。第二次世界大戦後のアメリカやヨーロッパ各国の料理や食材が導入されたことは、食味をベースとした醤油・味噌など和風調味料の利用の機会が少なくなったと思われる。

　塩分の過剰摂取による健康障害の発症を減少させるために、保健所や市役所、区役所、町役場の健康増進課や老人福祉課の専門家による、塩味の濃い料理や食材の摂取を少なくするような運動や住民への教育があった。市民や県民が食塩摂取量について注意するようになったことは大きな成果であった。塩分摂取については、成人に対しては、保健所の健康教室や宮城県予防医学協会で指導し、児童・生徒に対しては食育や学校給食を通して厳しく丁寧に教えている。

　食塩摂取が多くならないように、家庭で漬物や魚介類の塩蔵品を多くは作らなくなったことも食塩を含む調味料の利用が少なくなったと考えられる。宮城県は水産加工会社が多く、食塩や醤油などの使用が多かったが、これらは塩味の薄い加工品へと変わってきている。仙台名産の笹蒲鉾や魚料理の味付けも、最近の健康志向から薄味が人気となっている。

　昔は、カキの鍋物は寄せ鍋か土手鍋であった。土手鍋は味噌を使うが、近年の鍋物の味付けの傾向は寄せ鍋かキムチ鍋が多くなったことも、味噌や食塩の購入量が少なくなった理由と考えられる。

地域の主な食材と汁物

　太平洋に沿岸は、牡鹿（おしか）半島まではリアス式海岸で、近海の海の幸に恵まれている。松島湾は、2011（平成23）年3月11日の東日本大震災による被害を受ける前は、カキの養殖場が盛んであった。現在は、少しずつ回復している。山間部は、夏には雨が多く、冬は降雪が多い。平野部では、コメや野菜の栽培が盛んである。

主な食材

❶伝統野菜・地野菜

　仙台ハクサイ、仙台曲りネギ、仙台長ナス、余目（あまるめ）ネギ、鬼首菜、キュウリ、トマト、トウモロコシ、レタス、ソラマメ、枝豆、仙台茶豆、から

とりいも（ズイキ）、仙台雪菜、小瀬菜ダイコン、キノコ類

❷主な水揚げ魚介類

カキ、ヨシキリザメ（フカヒレに加工）、マボヤ、サンマ、マグロ、マサバ、スルメイカ、養殖ギンザケ

❸食肉類

牛タン（輸入）、黒毛牛（仙台牛）

主な汁物と材料（具材）

汁　物	野菜類	粉物、豆類	魚介類、その他
タラの粗汁	ダイコン、ニンジン、ジャガイモ、ネギ	豆腐	タラの粗、味噌仕立て
どんこ汁	ダイコン、ジャガイモ、ネギ		ドンコ（エゾイソアイナメ）、味噌仕立て
きじ骨のだんご汁	ダイコン、ネギ	小麦粉、豆腐	キジ（山鳥）、醤油仕立て
けんちん汁	ニンジン、ダイコン、ゴボウ、ジャガイモ	凍み豆腐、油揚げ	エゴマ油、味噌仕立て
きのこ汁	キノコ、ダイコン、ナス、ネギ	豆腐	鮎の焼き干し、味噌仕立て
あざら	ハクサイ漬け		メヌケの粗、酒粕、塩、醤油仕立て
おくずかけ	ゴボウ、ニンジン、ジャガイモ、干しシイタケ、サヤインゲン	そうめん、片栗粉、油揚げ	コンニャク、油、だし汁、醤油仕立て
からとり汁	からとり（八頭またはサトイモ）	豆腐	煮干し、味噌仕立て
おぼろ豆腐汁	干しシイタケ、三つ葉、おろし根ショウガ、	片栗粉、おぼろ豆腐、油揚げ	だし汁、みりん、醤油仕立て
かにこづき			
松葉汁	ダイコン、生姜	片栗粉	サンマ、味噌仕立て
メヌケの粗汁	ダイコン、セリ		メヌケ、塩、味噌仕立て

| フノリの味噌汁 | | 豆腐 | フノリ（金華山地方）、味噌汁 |
| 仙台味噌汁（仙台麩の味噌汁） | 雪菜 | | 仙台味噌汁（仙台麩または油麩）、岩ノリ |

郷土料理としての主な汁物

- **仙台カキの鍋** 松島湾でのカキの養殖が始まったのは、1600年代であった。しかし、天然の稚貝を集めて、ホタテガイの貝殻につけた養殖では、やがて天然の稚貝も消えてしまうことから、1800年代には種苗生産を始め、全国に稚貝を送る事業も展開するようになった。東日本大震災によりカキ養殖は被害を受けたが、現在は「カキ養殖のオーナー制度」を設け「復興カキ」としてカキの養殖を復興させている。カキの汁物には寄せ鍋、土手鍋がある。いずれも加熱し過ぎないで、膨らんだカキをポン酢や味噌味で賞味する食べ方で、地元の季節の野菜も伝統野菜も賞味できる健康に良い料理である。「土手鍋」は、仙台味噌を鍋の周りに塗り付け、カキのほかに、ネギ、春菊、セリ、焼き豆腐、白滝などを入れ、水は入れない。野菜からのうま味、味噌のうま味と塩味で味わう。

- **フノリの味噌汁** 金華山地方では、春にはフノリを味噌汁の実にする。豆腐との相性が良く、独特の滑りと磯の香りがよい。北陸地方ではフノリの煮汁を糊にし、フノリの粉末を練り込む麺もある。

- **メヌケ汁** メヌケの粗汁ともいう。カサゴ科の深海魚のカサゴは、釣り上げると水圧が減少して目が飛び出るところから「目抜け」とよばれるようになった。冬のメヌケは脂肪がよくのる。身をぶつ切りにし、ダイコン、ニンジンと煮込み、仙台味噌で調味し、セリを添える汁物である。

- **おくずかけ** 禅宗に伝わる普茶料理の「雲片」をまねて、盆の精進料理の「あんかけ料理」として提供される行事食である。季節の野菜を実だくさん入れ、くずかけのようにとろみをつけた料理である。

- **おぼろ豆腐汁** 湧谷地方に伝わる「おぼろ豆腐」は、仏様の日にあたる「8の日」に仏前に供えて食した。その起源は、江戸時代の末期に、関西の寺から湧谷町の寺に住職としてきた和尚が、寺の草履脱ぎ場となっていた町内の豆腐屋に作り方と食べ方を伝授したことから広まったと伝

えられている。湧谷町の名物の「おぼろ豆腐」は、凝固剤としての「澄まし粉」に「水にがり」というものを使うところに特徴がある。にがりを入れて凝固してきたところを汲み取ることから「汲み豆腐」ともいう。

- **かにこづき**　川ガニ（モズクガニ）を小突いて潰し、弱火で煮て卵とじ状の味噌仕立てにした汁である。小突くことが訛って、「こじき」や「こずけ」になった。昔は「かにこずけ雑煮」を作ったが、現在は川ガニが減っているので作らない。

- **からとり汁**　「からとり」とは、八つ頭またはサトイモの茎を干したもので、八つ頭の茎を干したものは「赤から」、サトイモの茎を干したものは「青がら」という。青がらには、少しえぐ味がある。

- **どんこ汁**　どんこ（エゾアイナメ）は、大きな口のグロテスクな容姿の白身の魚で、うま味がある。冬には美味しく、冬の気仙沼市の古い祭事である恵比寿講には、内臓も除かずにぶつ切りして、ダイコンやジャガイモと一緒に身が裂けるまで煮込む。味噌仕立てにし、鍋のおろし際に刻みを加える。恵比寿講の日には、商売繁盛を願って作る。どんこは口が大きいので、金銭を大量に呑み込むことを願って、恵比寿講に食する。

- **松葉汁**　石巻地方のサンマのすり身汁である。サンマの身に味噌を混ぜて、すり身を作り、これを煮立った汁の中に団子状にして落とす。「松葉汁」の呼び名は、汁に入れる、軟らかく水煮した千切りダイコンを「松葉」になぞらえた名である。石巻地方の水揚げされた鮮度の良いサンマを美味しく食べる料理として利用されている。

- **あざら**　鳴子温泉、栗駒、松島、塩釜、石巻、仙台、宮城蔵王、白石などの郷土料理である。白菜の古漬けとメヌケの粗（またはキチジの粗）を具にした粕汁である。作り始めた動機は、①旧正月に家庭の残り物を煮たところ美味しく出来上がったことから、②春になって白菜の処理に困った家庭で考案したという2説がある。呼び名の由来は、昔、仙台地方に住んでいた阿闍利（＝法師）が、修行時代に関西で食べたブリの粗の汁が忘れられなかったことから作り出したとの説、調理法が「手荒ら」なためなどの説がある（大津市比叡山の延暦寺の阿闍梨は、僧侶に仏教や人の道を教授する最高の位）。

伝統調味料

地域の特性

▼仙台市の1世帯当たりの調味料の購入量の変化

年　度	食塩 (g)	醤油 (ml)	味噌 (g)	酢 (ml)
1988	4,641	18,254	13,943	1,768
2000	2,966	9,188	8,782	2,010
2010	2,280	6,337	7,636	1,671

　奈良時代に陸奥国府が多賀城に置かれた。多賀城が朝廷の出先機関であったことから「宮宅」（みやけ）とよばれるようになったことが、宮城県の名の由来といわれている。宮城県は太平洋に面し、仙台湾を中心に各種産業が発達し、穏やかな松島湾は魚介類の養殖や蓄養に適している。サメの漁獲量は日本一で、水産練り製品の生産や中華料理のサメのヒレの乾燥品の生産地としても知られている地域である。

　山形県の郷土料理として知られている芋煮会は、宮城県でも郷土料理として発達している。季節のサトイモ・季節の野菜・豚肉などを入れ、仙台味噌で味付けたものである。仙台味噌は米味噌のなかの代表的な辛口の赤味噌である。その起源は、江戸時代に伊達政宗（1567～1636）が貯蔵食料として作らせたものと伝えられている。仙台地方には、仙台味噌を使った料理がある。松島湾のカキを利用したカキ鍋（土手鍋）は、砂糖・酒で伸ばした味噌ダレを鍋の内側の壁に塗り、その中でカキを煮て、溶け出した味噌味で食べる。

　正月に用意する「仙台雑煮」は、仙台湾で漁獲したハゼ（カジカ）でだし汁をとり醤油仕立てにする。昔はハゼを串に刺して、囲炉裏の周囲に並べるか、囲炉裏の上に吊るして焼き干しをつくったものである。この焼き干しハゼで甘味のあるだしをとり、姿のままのハゼを雑煮に添える家庭もある。

冬に宮城県の気仙沼近海でとれるメヌケは、身もしっかりし、脂ものっている。ぶつ切りにしてダイコン・ニンジンと一緒に仙台味噌仕立てにして煮込む。寒い日のメヌケ汁は気仙沼の人を温める郷土料理となっている。

　仙台市の酢の購入量をみると、2000年に増加し、10年後の2010年には減少しているのは、日本の伝統的調味料でなく、スーパーやその他の食品店で市販されている新しい調味料を購入している影響も考えられる。

　味噌を使う料理は汁物でもつけ味噌でも、仙台味噌を使うのが当然のこととなっている。

知っておきたい郷土の調味料

醤油・味噌

- **宮城県の醤油の特徴**　宮城県内の味噌醸造会社が、醤油も作っているところが多く、濃口醤油や吟醸醤油などが販売されている。宮城県味噌・醤油工業協同組合に所属している会社は52社。宮城県味噌醤油工業協同組合技能士会が設立され、「みそ製造」の技術向上をめざして、見学会、研修会、技能試験を続けている。

- **カキ醤油**　醤油にカキの濃厚なエキスをたっぷり加えた醤油。醤油の香ばしさの中にカキのうま味と甘味の存在を感じる。カキフライ、肉野菜炒めなどを味付けるとさらりとしたカキと醤油の両方の味が楽しめる。

- **仙台味噌の起源**　仙台の味噌の由来については、伊達政宗が兵士の貯蔵食料として作らせたといわれている。代表的な赤味噌で長期間発酵・熟成させたものなので、辛口赤味噌である。塩分濃度は12～13％。伊達藩の作った赤味噌は、秀吉の命令で朝鮮に赴いたときにも変質しなかったことで有名な味噌であった。江戸では、江戸時代前期から売り出されていた。特に、明治・大正の頃までは、東京中心に仙台味噌の需要は多かったが、後に似たような味噌の速醸造による信州味噌に販売エリアがとられてしまった。

　後に、大豆の玉味噌と塩を熟成させたものが、松島のカキの土手鍋の味噌ダレへと展開していく。

　仙台藩の江戸藩邸に常勤する兵士は3,000人で、すべて仙台味噌を仙台の城内御塩噌蔵から運んだので、大井の下屋敷に味噌蔵をつくり、仙

台からの大豆・コメで味噌づくりができるようになったという話も伝わっている。今日の仙台味噌は、天然醸造で作りだす味わいを保っている。米麹と大豆を原料として作った辛口の赤味噌で、味噌汁には仙台味噌だけを使うか、信州味噌と合わせて使ってもよい。そのまま「なめみそ」として利用してもよい。

- **仙台味噌**　別名「なめみそ」ともよばれている。赤色系の辛口の味噌。
- **よっちゃん生ラー油**　宮城県大崎市で生まれたラー油。農家の畑から生まれた、新鮮な野菜のエキスが溶け込んだラー油。ごま油は圧搾した一番の油を使い、ニンニク・ショウガ・ウコン・トウガラシなどは無農薬栽培のものを使っている。「農家発の」ラー油で売り出している。
- **南蛮つけのたれ**　宮城県栗原郡の「いちじょう南蛮だれ」。物産展で展示したら評判がよく、近隣の人々に愛されてる。

食塩

- **伊達の旨塩**（うましお）　石巻の製塩所で作っている。石巻湾の沖の太平洋は、暖流と寒流の交叉する海域であることで有名である。この海域の塩分濃度は3.6％。海水は石巻万石浦中心部からポンプで取水し、ステレンス製の平釜に入れて、加熱蒸発して濃縮し、煮詰める。食塩100g当たりの成分はナトリウム78.3g、マグネシウム2.0g、カルシウム0.19g、カリウム1.7g（苦汁の成分が少ないのが特徴である）。

郷土料理と調味料

- **カキの土手鍋と赤味噌**　土鍋の周りに味噌を塗って、生ガキを煮汁に入れ、溶け出してきた味噌味で食べる土手鍋は、赤味噌に限るといえよう。赤味噌独特の重たい味とうまみは甘いカキの味に合い、味噌の風味がカキの磯の香りを心地よく感じさせる。
- **仙台雑煮と干しハゼのだし**　仙台雑煮は伊達藩の華やかさを残す雑煮ともいわれている。雑煮のだしは焼き干しハゼを使う。時には、ハゼ1尾を雑煮の器にのせるところもある。具はダイコン・ニンジン・ゴボウの千きり（引き菜という）は準備が終わったら昔は寒空に一晩おいて凍らせた（現在は冷蔵庫に保存）。仙台地方では、材料を細く切ることを「引く」といったそうである。食べるときには、醤油・塩・酒で調味した汁

で、野菜の具やセリ・凍り豆腐・焼いた角餅を軽く煮て、この上に蒲鉾・カステラかまぼこ・筋子などをのせる。調理の順番は家庭により違いがあるようである。

- **仙台長ナス漬け**　仙台長ナスは極細の長くとがった形状が特徴である。皮、果肉とも柔らかく食べやすい。江戸時代から長ナスの漬物（塩漬け・辛子漬け）は知られている。400年以上の歴史のある仙台の伝統食品である。

宮城県のスーパーの逸品

- **宮城だし**　宮城県で作っているいろいろなだしをティーパックに詰めて、いろいろな用途に合っただしセットとして販売。和食のめんつゆ向きには「いりこだし」、サバ節と鰹節をベースにした「ふりだし」をベースにした「純だし」、中華料理向けにはチキンやポークのだしをベースにした「万能中華」、天然だし汁を濃縮した「あじつゆ」などの名で売られている（丸三食品製）。

発　酵

仙台味噌

◆地域の特色

　東北地方の南東部に位置し、県内には仙台平野が広がる。北上川や阿武隈川といった大河が太平洋に注ぎ込み沖積平野が発達している。東は太平洋に面し、県中東部の松島湾には、日本三景の一つに数えられる景勝地の松島が浮かぶ。西は奥羽山脈に接し、栗駒山や蔵王連峰などがそびえる。県内の気候は太平洋側気候に分類され、冬の間、県西部の山間地は多雪地域であるが、東部の平野では雪は少なく晴れの日が多い。夏季は、太平洋からの海風の影響で厳しい暑さにはなりにくい。通年で比較的穏やかな気候である。西部山間部は冬季に豪雪となり日本海側気候の特徴を示す。

　平野部では稲作が盛んであり、ササニシキやひとめぼれの産地である。県北部の大崎地方では、イチゴやナシなどの果物、仙台白菜をはじめとする伝統野菜も生産されている。三陸沖は寒流である親潮と暖流である黒潮の潮境で、世界的にも有数の漁場であり、県内には気仙沼漁港、石巻漁港、塩釜漁港など大きな漁港がある。カツオ、サンマ、マグロ、カジキなど多種の魚がこれらの港で水揚げされるほか、ワカメやノリ、牡蠣、ホタテガイ、ホヤ、ギンザケの養殖が行われている。東日本大震災後は仙台湾の海底の変化により、ガザミの生息数が急増し2015（平成27）年には全国1位の漁獲量となっている。

◆発酵の歴史と文化

　「仙台味噌」は、米麹を使った辛口の赤味噌で、関西の白味噌に対して赤味噌の代表格として知られる。その歴史は、400年以上と古く、安土桃山時代から始まる。豊臣秀吉は朝鮮へ勢力をのばそうと、各藩の大名に出兵を命じた。これに応じて伊達政宗は、1593（文禄2）年秀吉の朝鮮出兵に従軍して朝鮮半島へ渡り、半年くらい戦ったとされる。各藩の兵は兵糧である地元の味噌を携えて朝鮮へ出発した。長い戦いの間に他藩の味噌は変

質してしまったが、政宗が持参していた味噌は唯一変質しなかったため、「仙台味噌は質がよい」と評判になったという。

味噌を重んじた政宗は仙台城築城後、中に「御塩噌蔵」という味噌蔵を設けた。そこで常陸の国から招いた真壁市兵衛を中心に製造を始め、やがて14名の町方味噌屋と「味噌仲間」が結成された。1834（天保5）年にこの「味噌仲間」に加入した佐々重は、今でも仙台市で味噌を造っている。

◆主な発酵食品

醤油　1676（延宝3）年創業の永田醸造（亘理郡）、宮城県産大豆と小麦を主原料にして伝統的な製法で造る鎌田醤油（遠田郡）のほか、今野醸造（加美郡）などがある。

味噌　戦国武将たちは、戦闘能力を左右する兵糧（戦陣食）には重大な関心をもっていた。特に米と味噌は絶対に必要な兵糧だった。伊達政宗は軍用味噌を自給しようと考え、城下に「御塩噌蔵」と呼ばれる味噌工場を建てた。これが、仙台味噌の始まりだともいわれている。

米麹と大豆が原料で、辛口の赤味噌である。佐々重（仙台市）、佐藤麹味噌醤油店（仙台市）、阿部幸商店（仙台市）、東松島長寿味噌（東松島市）、森昭（白石市）、荻原醸造（塩釜市）などで造られている。

日本酒　栗駒山系、船形山系、蔵王連峰と、穏やかながら雄大な山容をみせ清冽な水をもたらす奥羽山脈、それらが織りなす気候が育む全国屈指の米どころ仙台平野、海岸部沿岸部それぞれに豊かな自然の恵みを存分に生かし、個性豊かな酒を醸す蔵元が点在する。

1986（昭和61）年に発表した「みやぎ・純米酒の県」宣言は、全国の酒造業界に旋風を巻き起こした。当時ほとんど知られていなかった純米酒が、今では宮城で造られる日本酒の半分を占めるまでになった。また、現在は宮城の酒は約9割が特定名称酒であり、全国の平均約3割、東北の平均約5割をはるかに凌いでいる。

1688（元禄元）年創業の仙台伊澤家勝山酒造（仙台市）、1661（寛文元）年創業の内ヶ崎酒造店（富谷市）、1724（享保9）年創業の佐浦（塩釜市）、1716（享保元）年創業の阿部勘酒造（塩釜市）、1712（正徳2）年創業の大沼酒造店（柴田郡）など古い歴史のある蔵のほか、一ノ蔵（大崎市）、平孝酒造（石巻市）、蔵王酒造（白石市）、寒梅酒造（大崎市）、萩野酒造（栗原市）

など25の蔵がある。

ビール　キリンビール仙台工場（仙台市）、サッポロビール仙台工場（名取市）のほか、クラフトビールとしては宮城マイクロブルワリー（名取市）、サンケーヘルス（黒川郡）、オニコウベ（大崎市）などがある。

ウイスキー　宮城峡蒸溜所（仙台市）は、北海道余市蒸溜所と並ぶニッカウキスキーの原酒工場である。「余市」は男性的、「宮城峡」は女性的とも評価される。シングルモルトウイスキーのほか、グレーンウイスキー（主原料：トウモロコシ）を製造する。宮城県は1人あたりのウイスキー消費量が、東京都に次いで全国2位である（2019（平成31）年度）。

長ナス漬け　小指ほどの細長いナスを塩漬けや醤油漬けにしたもので、きれいな紫色をした、仙台の代表的な漬物である。

オニコウベナ漬け　鳴子温泉鬼首地区で栽培されている伝統野菜であるオニコウベナをさっと熱湯に浸け、塩漬けにして発酵させたものである。

味噌パン　甘みが強く、水分が少なめの生地に味噌を練り込み風味をつけた後焼き上げたパンで、仙台市周辺で販売されている。

◆発酵食品を使った郷土料理など

仙台ラーメン　仙台味噌をベースにした「辛味噌ラーメン」が代表的な、仙台発祥のラーメンである。

はらこ飯　炊き込みご飯の一種で、醤油やみりんなどと一緒にサケを煮込んだ煮汁で炊き込んだご飯の上に、サケの身とイクラ（はらこ）をのせる。

牡蠣鍋　宮城県は広島県に次ぐ全国2位の生産量を誇る牡蠣の名産地で、身が引き締まり絶妙な歯ごたえで、濃厚な味わいが楽しめる。ぷりぷりとした食感の牡蠣が入った牡蠣鍋は、辛口の赤味噌である仙台味噌で味付けされる。

牡蠣飯　松島湾などで獲れる新鮮な牡蠣を使い、混ぜ御飯としたのが「牡蠣飯」である。牡蠣を醤油、砂糖、みりん、塩を加え煮て、その煮汁と昆布だしで米を炊き上げ、煮揚げた牡蠣、みじん切りのミツバをのせる。

あざら　　　　メヌケのあらとハクサイの古漬けを、酒粕とともにトロ火で煮込んだものである。宮城県の気仙沼地方の料理で、もともとは旧正月に各家庭の残り物を煮たところから始まったといわれる。

どんこ汁　　　ドンコの味は淡泊で旨みがあり、特に冬の初めは脂がのっておいしい魚である。頭ごと内臓を取らずにぶつ切りにし、ダイコン、ニンジン、ゴボウなどの野菜を入れ、醤油、味噌で調味し、最後に豆腐とネギを入れて、大ぶりのどんぶりで食べる。

ホッキご飯　　　県内随一のホッキ貝の産地山元町では、旬になると多くの家でホッキご飯を作る。千切りにしたホッキ貝に、ニンジンの千切り、醤油、砂糖を加えて煮る。ご飯は、この煮汁を加えて炊き上げ、調理した貝をのせ、蒸して食べる。

芋煮　　　仙台では秋になると、河原で芋煮会が始まる。地元のサトイモと季節の野菜、豚肉を煮て仙台味噌で味付けをして食べる。山形県では、牛肉を煮て醤油味で食べるのが一般的である。

おくずかけ（お葛かけ）　　　宮城県で食べられる汁料理の一つであり、すっぽこと呼ぶ地域もある。片栗粉などでとろみをつけた醤油味の汁に、特産品である温麺や野菜、豆麩、油揚げなどを入れて煮込んだもので、精進料理として主にお盆や彼岸に食べる。

じゅうねん汁　　　仙北の小牛田地方で冬場によく作られている味噌を使った料理で、よくすり潰したジュウネン（エゴマ）は油がなじんで香りがよく、とろりとした舌ざわりは味噌汁の風味を高めてくれる。

シソ巻き　　　仙台味噌に砂糖を加えて甘辛くし、青シソの葉で巻き、揚げ焼きにしたものである。

◆発酵にかかわる神社仏閣・祭り

鉾附神社（刈田郡）　甘酒祭り　　　12月初旬に催される例祭では、氏子らが持ち寄った甘酒が奉納される。この甘酒は赤ぎれの妙薬として珍重され、近隣の村からも多くの人が集まったといわれている。

鹿嶋神社（ビール神社）（石巻市）　　　例祭には、契約講の人々が麦酒を作ってお供えするという珍しい風習

が終戦まで続いていた。それは「ある年、飢饉になりお米で作ったお酒を
お供えすることができず、麦で作ったお酒をお供えした。やがてお米が収
穫された年に、再びお米のお酒をお供えしたら、その年には不漁不作のう
え、悪病が流行り病人が出たので、再び麦酒を作ってお供えするように
なった」といわれているからである。この言い伝えから例祭や諸祈願祈禱
の際はビールをお供えするという風習が守られ、地区の人々にビール神社
と呼ばれて親しまれている。

◆発酵関連の博物館・美術館

松山酒ミュージアム（大崎市）　　　酒造りの道具や酒造工程を説明する
パネルなどの展示と、ヤマタノオロチ
退治をもとにしたアニメの上映を行うシアターなどがあり、一ノ蔵（大崎
市）の協力のもとで、地元の酒造りを紹介している。

◆発酵関連の研究をしている大学・研究所

東北大学農学部応用生物化学科、農学研究科生物産業創成科学専攻

麹菌、酵母、乳酸菌などを用いて、基礎的かつ応用的な多くの研究がな
されている。酒米の育種から栽培、麹菌選択、醸造管理、蔵元による製造
まで、大学関係者によって一貫して行われたオリジナルの日本酒「萩丸」
が販売されている。

松島こうれん

和菓子 / 郷土菓子

地域の特性

ササニシキ、ひとめぼれの銘柄米で有名な宮城県は、東北地方に位置している。東は太平洋、西は奥羽山脈が連なり、秋田・山形の両県に接し、南に福島県、北に岩手県がある。気候は太平洋気候帯に属し、冬の積雪量は比較的少なく温暖である。

宮城県が米どころとして飛躍したのは伊達政宗の時代である。政宗は先見の明があり、江戸開府とともに一大消費地江戸を見据えて仙台領こそ米の供給地と考え、北上川の大改修工事を行った。流域を穀倉地帯とし、北上川本流を石巻にみちびき、米の積出地に重要な港とした。仙台藩は江戸の米の需要の3分の1を満たしたという。

石巻は気仙沼や塩釜とともに漁港として知られているが、当時は「35反の帆を巻き上げて、行くよ仙台石巻」と歌にまで唄われていた。

2011（平成23）年3月11日の東日本大震災で県下は大きな災害を受け、痛手も大きかったが、3つの漁港も徐々に復興を取り戻しつつある。

地域の歴史・文化とお菓子

「松島こうれん」と「仙台駄菓子」

①優雅な紅蓮せんべい

今朝降り積もった雪のように純白で、泡雪のように口溶けのよい松島名物の紅蓮せんべいは、670余年の歴史をもつ米の粉で作った長方形のやわらかな煎餅である。淡い甘味と塩味で、煎餅というと関東の草加煎餅を想像するが、全く別物。江戸時代にこの地を訪れた菅江真澄は「仙袂」と記しているが、「仙袂」とは中国の美女・楊貴妃の袂を風が吹いてひらひらと翻っているという白居易の「長恨歌」の詩の一節からきていた。「松島こうれん」は、まさに美女の袖袂を思わせる優雅な煎餅である。

②紅蓮尼とせんべいの由来

さて、この菓子は鎌倉時代後期までさかのぼる。当時西国33観音巡りに出掛けた松島・瑞巌寺近くに住む掃部という富豪と、出羽（秋田）象潟に住む豪商の森隼人が道中で親しくなり、掃部には小太郎、森隼人にはタニという娘がいて、2人は親同士で結婚を約束してしまった。タニが掃部家に嫁いで来ると、小太郎はすでに病で他界していた。しかし、タニは世の無常を悟り実家には戻らず、この地で剃髪して「紅蓮尼」と名を改め庵（心月庵）を結び仏門に帰依した。

紅蓮尼の名は「日本女性の鑑」として、瑞巌寺を参拝する人たちに知られ、心月庵には参拝者が絶えなかった。紅蓮尼はお供え物の米を粉にし、煎餅に焼いて人々に施した。その煎餅はいつしか「紅蓮せんべい」とよばれ、誰もが松島土産に買い求めたのであった。

現在の「松島こうれん」は、現代風にササニシキを使用しているが、その製法は紅蓮尼より受け継いだ初代紅蓮屋心月庵が一子相伝で伝えるもので、創業は鎌倉後期の1327（嘉暦2）年である。

③各地に残る「紅蓮せんべい」

秋田や山形、北海道の檜山南部地方では餅種生地の煎餅を「紅蓮煎餅」あるいは「こうれん」とよんでいる。

紅蓮尼の出身地秋田の象潟、県南方面ではよくみかける煎餅で、うるち米をふかして塩味を付け、コヌカか玉油（びんつけ油）で延ばしたものを、長方形に切って日光で乾燥させ火床で焼き上げたものである。

北海道の江差地方の「こうれん」は、5月から6月頃家庭で作る丸い干し餅で、お盆のお供えにした。この地方では今でも電子レンジで温めたり、煎餅汁にして食べる。また、檜山地方の「こうれん」は、「上ノ国こうれん」「追分こうれん」とよばれて町おこしのお菓子である。

④仙台藩がもたらした「こうれん」

茨城県の霞ヶ浦を中心に利根川沿岸の千葉県地方でも煎餅（草加煎餅を含め）を「こうれん」と称していた。

その理由としてこの地方は、江戸初期より東廻り海運で津軽藩や仙台藩等が江戸へ米を運ぶ大型船の中継地となり、潮来には河岸があって米蔵が立ち並んでいた。中でも牛堀（現潮来市）は仙台藩の大型船の風待ち港で、また利根川を利用する川船への荷の積み換え港として賑わっていた。その

ため仙台藩との繋がりが濃く、また土地の人たちが水夫やかってぼう（積み荷作業をする人）となり松島の瑞巌寺にお参りし、お土産に紅蓮煎餅を求めて帰国した。その煎餅の美味しさから、米を原料に焼き上げたものを「こうれん」とよぶようになったのではないかと考えられていた。

神崎町には、名もずばり「香蓮堂本舗」という醤油の香る手焼き煎餅店がある。

なお「こうれん」という名の菓子は、室町後期とされる『南蛮料理書』の菓子の部にもあり謎の多い菓子である。

⑤仙台駄菓子の由来

東北地方には駄菓子が多いが、仙台駄菓子が有名なのは、江戸時代の仙台藩の政策と関係していた。それは戦に備えるため作らせた「仙台糒」で、兵糧であり携帯食で、初代伊達政宗が道明寺糒の技術を上方から導入して改良させ東北の寒風吹き荒ぶなか、極めて上質の糒を作った。その製法は伊達家家伝で、門外不出とされていた。

仙台糒にはたくさんの種類がある。基本的に糒はもち米を蒸して乾燥させた物だが、仙台では糯キビ、粳キビ、粟キビなどがあり一定期間が過ぎると家臣や町民に払い下げられた。その糒を原料に菓子が作られ、銘菓「しおがま」は糒を粉にして作ったものである。糒を煎って水飴で絡めれば「おこし」になり、仙台糒は仙台駄菓子のもととなった。

⑥駄菓子の条件

駄菓子という言葉は関東以北の東日本で使われ、西日本では雑菓子とよばれていた。これらの菓子は地元の特産物が使われ白砂糖は一切使われず、甘味は黒砂糖や米の飴、つるし柿の甘さが基準となり、大豆や黄な粉、胡麻、胡桃といった豆や木の実が使われていた。

さらに東北駄菓子の特徴は穀類を主材料に、安く、形は大きく、腹持ちのよいことで、この地方に多い「カリント」は、小麦粉を使い丸や長方形でヘラヘラしているが大きく、生地に味が付いていてしっかり油で揚げてあり、歯応え、腹応えのよい菓子である。

⑦仙台駄菓子の本分

駄菓子は自然要件とも関係があり、米のとれる所に生まれるといわれる。それは換金できないくず米、糀、落ち穂といったものが多量に出るためで、それらの利用から誕生したともいえるのである。

また駄菓子は秋から冬に美味しいとされる。特に米を糖化させて作る飴類は煮詰め加減が気候に左右されるからで、「太白飴」は稲の取り入れの済んだ10月から翌年の4月までに作られ、その期間に食べるのが一番美味しいとされ、「晒しよし飴」もまた同様であった。

行事とお菓子

①正月の餅と「餅ぶる舞い」

　かつての仙台地方では、晴れ着を"餅食い衣裳"とよんでいた。ハレの日すなわち餅を食べる日で、正月には雑煮の前にあん餅、黄な粉餅、納豆餅、ごま餅などいろいろ食べ、お腹がいっぱいになったところで雑煮となった。米どころだが、藩政時代から贅沢を厳しく戒められていた。しかし「餅ぶる舞い」だけは自由で、そのために「餅が最高のごちそう」という気風が生まれていた。

②登米の元朝の「飴餅」

　登米地方では、元朝には「飴餅」を食べる。「飴餅」は水飴に水を加えて鍋で煮立たせ、焼いた餅を入れて煮詰め、その餅を茶碗に盛り豆粉（黄な粉）をかけて食べる。三が日の朝は必ずこの餅を食べるので、どこの家でも昔は自家製の水飴を作っていた。

③大崎八幡宮どんと祭の鳩パン

　「松焚祭」とも称され、1月14日に正月の松飾りや古い神符を焚き上げ正月の神を送り、家内安全や商売繁盛を祈る祭りで300余年の歴史がある。この日、境内の屋台で売られるのが縁起物の「鳩パン」。鳩は八幡様のお使いで、無病息災の願いが込められていた。仙台味噌の入った堅めの味噌パンで、仙台駄菓子の味を伝えている。

④白石の笹巻き

　白石は伊達家の重臣・片倉小十郎の城下町で、この地方では旧暦の端午の節供（6月）が近づくと八百屋の店頭には笹巻き用の、若々しいクマザサの葉やイグサが売られる。笹巻は三角粽ともいわれ、クマザサをロート状にして、そこに洗ったもち米を詰めてイグサで結んで熱湯で茹でたもの。武者人形に供えるが、ササの効能で長期保存できるため軍用食だったともいわれる。甘い黄な粉をつけて食べる。

⑤お盆のずんだ餅

　宮城を代表する餅だが、お盆に欠かせない餅で、青畑まめ（青大豆）の枝豆を使う。枝豆を茹でて莢からはじき出して擂り鉢で摺る。摺り上がったら塩で味を調える。これを「ずんだ」といい、家によっては白砂糖を加えて甘くして搗きたての餅にくるむ。翡翠色の美しい餅だが、いたみやすいのでたくさんは作らない。

⑥吉岡八幡神社の島田飴

　毎年12月14日がお祭りで、この日を「おとしとりの日」と称し飴市が立った。もち米を原料とした「島田飴」は島田髷をかたどった細工飴で、昔々神社の神主様が島田髷の花嫁さんにひと目惚れをしてしまった。気の毒に思った村人たちが、飴で島田髷をかたどり神主様を慰めた。神主様は飴のおかげで全快し、喜んだ神主様は神社の祭礼に、縁起物として「縁結びの島田飴」として売るようにしたという。飴は神棚に供え、元朝の餡餅に加える習わしがある。

知っておきたい郷土のお菓子

- **支倉焼き**（仙台市）　伊達家家臣で慶長遣欧使節・支倉常長の偉業を偲び、創製された和洋織り込んだ胡桃風味の焼き菓子。ふじや千舟の銘菓。
- **白松が最中**（仙台市）　大納言餡、栗餡、胡麻餡、大福豆餡の4種があって香ばしく焼かれた最中皮に包まれた、仙台の代表的銘菓。
- **萩の月**（仙台市）　仙台平野は宮城野とよばれ萩の名所で、そこに立ち上る月を見立てて名命された菓子。1979（昭和54）年発売ながら仙台土産の定番。
- **みちのく煎餅**（仙台市）　隠れた名店・仙台の「賣茶翁」の銘菓で、波照間島の黒糖蜜をさっと塗った麩焼き煎餅。芭蕉の旅姿の掛け紙も素敵だ。
- **笹ゆべし**（仙台市）　味噌風味の餅生地で黒糖蜜を包み蒸したもの。伊達家の兵糧だったとされ、上部の胡桃は家紋の"竹に雀"を表していた。
- **太白飴**（仙台市）　もち米から作った水飴を煮詰め、細く延ばして切った物。飴の白さから仙台近郊の太白山に因んだ名で、石橋屋のものが有名。
- **九重**（仙台市）　仙台の玉澤本舗の和菓子飲料で、細かなあられ球に柚

子、抹茶、ぶどう味の糖衣を絡め、湯や水に溶かして楽しむ珍しい菓子。

- **晒^{さら}しよし飴**（大河原町）　300年以上も一子相伝で伝える大河原町の銘菓。良質な水飴と砂糖で作る絹糸を束ねたような繊細な飴で、冬季限定品。

- **しおがま**（塩釜市）　微塵粉に砂糖、塩、海藻等を混ぜて押し固めた干菓子。「藻塩焼製塩^{も しおやき}」を伝える塩竈神社のある塩竈市^{しおがま}が発祥地とされる。

- **足軽まんじゅう**（仙台市）　参勤交代の足軽たちが、やっと着いた小坂峠の茶屋で頬張ったという白石名物。粒餡たっぷりの仙台味噌風味の饅頭。

- **がんづき**（宮城県下）　宮城と岩手の一部で食べられる小麦粉製の菓子。重曹の入った蒸しパン風と、重曹を入れない、ういろう風があり、南部領は前者で仙台領には後者が多い。

- **岩出山の酒まんじゅう**（大崎市）　花山饅頭、太右衛門饅頭と称され300年の歴史がある。岩出山城主・伊達村泰侯が大坂の饅頭職人・太右衛門と出会い、岩出山に伴い花山の姓を与えて饅頭を作らせたという。

- **栗団子**（大崎市）　鳴子温泉の名物。大きな栗を包んだ餅にたっぷりの葛餡をかけて食べるもので、こしのある餅と葛餡のバランスが絶妙である。

乾物 / 干物

へそ大根

地域特性

　宮城県は東北地方の主要都市仙台市を県庁所在地とし、東北地方最大の人口を抱えている。仙台市は100万人を擁する政令指定都市でもある。東は太平洋に、西は奥羽山脈と広大な平野からなり、農業県として稲作では、ブランドササニシキ、ひとめぼれなどがあり、山に囲まれた東北随一の人口と産業の中心地である。

　三陸沖漁場に近く、三陸漁港、気仙沼港、塩釜漁港をはじめ水産漁業は全国屈指の水産量を誇り、カツオ、サンマ、マグロなどの水産物の水揚げから、松島湾を望む近海沿岸では海苔、カキ、ホタテ、わかめなどの養殖や水産加工工場も盛んである。また観光県としては、松島、塩釜、鳴子温泉があり、農業、伝統野菜、山菜なども多く産出されている。

　歴史的に有名なのが江戸・徳川時代に武将伊達正宗が家康の許可を得て今の青葉山に新しく築城した千代城である。伊達正宗は河水が千年にわたって流れ、民も国も安泰になることを願い、仙台城と、同じ音から漢字を変えて、「仙台」と名付けたという。

知っておきたい乾物 / 干物とその加工品

仙大豆ミヤギシロメ

　宮城県は大豆の作付け面積が全国2位であり、さまざまな品種が栽培されている。仙台市東部地区を中心に26haの水田を活用して栽培されて、復興の作物として奨励されている。仙大豆ミヤギシロメは味も風味もよく、国産大豆としてはワンランク上と賞され、加工品、菓子、ディップ（生野菜などにつけて食べるクリーム状のソース）等に使用されている。

宮城タンレイ

　宮城県の大豆の作付け面積は約9,000haで、そのうち「タンレイ」は30％を占め、大崎、石巻地方を中心に作付けされている。宮城県の代表的品種で、粒の大きさは「中粒」で、種皮

色は黄色で、粒ぞろい、耐伏性、播種適応に優れ、品質がよく、特に豆腐加工に適しており、また煮豆、味噌などの加工に適している。

宮城大豆東北164号

宮城東北164号は「タンレイ」より学班病や着色性などの問題があるが、ほどよい固さで歯ごたえがしっかりしているため、納豆などに向いている。

白石温麺
<small>しろいしうーめん</small>

伊達藩主が病気になったときに、殿様が食べやすいように短く切ったうどんで、油を使わずに作った手延べ製法である。

岩出山凍り豆腐

宮城県玉造郡岩出山町地方では、稲作農家の冬の副業として今なお11月末から3月の厳冬期にかけて行われている。原料は地元岩出山産の「宮城白目」という品種の大豆を使い、水切りした豆腐を定型の大きさに切り、2週間ほど凍らせて熟成させる。これを一度水で戻してアク抜きをし、イグサで編み上げ、戸外で天日干しにする。自然を相手に古来の製法を守って、夜間に凍らせて日中乾燥させる工程を繰り返すことで、きめ細かさと凝縮したうま味が生まれる。

凍り豆腐を編むには、昔は稲ワラを使っていたが、今では熊本県阿蘇地方のイグサを契約栽培したものを使っている。

凍み豆腐
<small>し</small>

宮城県の最南に位置する丸茂町近郊では、1月の氷点下の寒い中での乾物「凍み豆腐」作りが有名である。現在は、作っている人はわずかになってしまった。隣りの青葉地区では唯一「青葉豆腐」を作っている。

＜製造方法＞

① 前の日から大豆を水に浸しておく。
② 温度が上がらないように、水と混ぜながら大豆をすりおろす。
③ 加熱釜に送っていく。
④ 加熱釜は圧力をかけて、120℃の蒸気にて蒸煮する。
⑤ 煮上がったら搾り、豆乳とおからに分ける。
⑥ 豆乳ができたら、にがりを入れて固める（にがりは塩化カルシウム）。
⑦ 木綿の布で豆乳をこし、水分を抜く。
⑧ 硬くなったら、豆乳を木箱に入れて、さらに水を抜く。
⑨ 布でくるんで、さらに機械で水抜きをする。豆腐はやや硬めに作る。
⑩ 棚に並べて冷せば豆腐のでき上がりである。

昔は大豆を農家の人が持ち込んで、豆腐にしてもらい、その豆腐を各家

庭に持ち帰り、蚕を入れる木箱にわらを敷いて、各自で手のひらサイズに切った豆腐を並べて夜外に出す。氷点下の寒風で凍らせて、昼間は干して乾燥し、それを繰り返して凍み豆腐を作っていた。

　普通の豆腐より濃く硬めに作り、大豆を煮る温度は低くにがりも少なめで、ゆっくり水を抜き、でき上がった豆腐はハガキ半分大に切って、冷凍庫で凍らせて、その豆腐を1枚1枚ワラやイグサで編んで、10枚1連で軒下に吊るす。晴れた日であれば4〜5日ぐらいででき上がる。風味がよく、無添加のため、正月のおせちや煮物、炒めものなど活用範囲は広い。地域の観光土産としても大変人気がある。

凍み餅　東北地方から信州地方にかけて寒冷地の保存食品として作られてきた。昔は炊飯に向かない屑米を粉末にして、野菜の粉などと混ぜて凍み餅を作ったが、今は、餅米、うるち米、ヤマゴボウの葉などを入れて作る。餅も一定の大きさに切って、1枚1枚ワラに編んで部屋の中で吊るし、陰干しする。湿気や風を避けて1か月くらい干す。乾燥が悪いとカビが生えてしまうので、ひび割れしないように注意して乾燥する。

へそ大根　宮城県丸茂町の乾物に「へそ大根」がある。丸くてしわがあり、真ん中に穴が開いている。丸茂町の南部筆甫地区を中心に、農家が冬の副業に作っている。

　12月の下旬ごろから1月にかけて、氷点下の寒い時期にのみ作られている。真冬の早朝に100本くらいの大根を洗って皮をむき、3cm幅に切って大釜で茹でた後、ザルに広げて冷ます。冷めたら25個ずつ竹串にさして、軒下に作った干場に吊るし、冬の寒風の中で「凍って解けて乾燥して」を繰り返すこと約1か月間すれば、飴色に輝くへし大根のでき上がりである。ゆで大根はゆで加減が難しく、生煮えではスが入り、煮過ぎると柔らかくクシから落ちてしまう。長年の経験がものをいう。

　身欠きニシンや煮物として多く使われている郷土食品でもある。

蔵王寒風大根　宮城県仙南地方の象徴である「蔵王高原」山麓では、初冬に収穫した大根を輪切りにして茹でた後、断面の中心に1m程度の竹串を刺して軒下に吊るす。丸茂町のへそ大根とほぼ同じ製法である。

油麩　宮城県登米市、仙台市は伊達藩の城下町で、古くから北上川の要所としても栄え、米、大豆を原料にした醸造業も盛んだが、こ

こでは油麩も昔から伝わっている。もともと油麩は夏の食材で、暑いときに肉の代わりとなるタンパク質源であったが、登米では盆の精進料理を食べる習慣があり、油麩などがよく使われたともいわれている。

　余分な水分を搾ってから小麦粉を混ぜてこねて寝かし、これを小さな種にして大豆油で揚げる。長さ10cm、幅1cm強の種を静かに油に入れる。2本の上げ箸で端と端を押さえながら長さを調整し、麩の表面に縦に4本の筋を均等に入れていく。これを20〜25分間油の中でくるくる回し続ける。その後、1時間ほど室温でねかせるとでき上がる。

干し真鱈

タラ科の魚でタラホンダラなどとも呼ばれ、大型では1〜2mにもなる。北太平洋岸から、宮城石巻、宮城女川、北海道歯舞、羅臼などで水揚げされている。冬が旬で、身が柔らかく脂肪が少ない白身である。生では日持ちがしないので、頭と内臓を取り除き、天日干しした「棒鱈」としてさまざまな料理にも使われている。スケソウタラよりも高価である。

干しわかめ（干し若芽、若布）

褐藻類コンブ科の海藻であるワカメを湯通しして乾燥した製品。北海道東岸、南西諸島を除く日本海沿岸から朝鮮半島にかけて生育する。海水の温度・栄養、河川の流入など陸地との関係、太陽の光の強さ、海岸や湾の地形・深さなどにより、収穫量や品質に差が出る。

　水深10mくらいの海底で秋に発芽し、海水温が5〜12℃ぐらいの1月から4月にかけて大きく成長する。そして、5月から7月にかけて遊走子は放出され、夏の温度が23℃以上になると休眠して秋を待つ。本体は枯れる。2〜4月が最もおいしい時期であり、2mにも成長するわかめの採取期となる。

　宮城県、岩手県の三陸海岸で最も多く採取されるが、青森県、新潟県佐渡、徳島県、三重県伊勢志摩などでも採取される。宮城県三陸海岸は黒潮、親潮など多くの海流が入り込む複雑な海流で、栄養が豊富である。三陸わかめが有名で、茎が短く、葉の切れ込みが深く、肉厚で歯ごたえのあるのが特徴。近年は韓国、中国からの輸入もののほとんどがカット乾燥わかめである。国内産は生塩蔵湯通しわかめとして流通している。

　天然わかめ、養殖わかめ、生わかめ、灰干しわかめなど多くの種類があるが、どのわかめも色と味、食感がよく香りのあるものを選ぶとよい。

1970年代に、養殖技術が成功してから、ほとんどが養殖である。国産天然わかめはごくわずかに地方の土産品として流通している程度である。

　日本人には春の到来を感じる季節の料理として筍が旬の時期、「若竹煮」（わかめ、竹の子を煮たもの）、味噌汁、酢の物、和え物などさまざまな料理に利用される人気食材の1つである。海藻類はアルカリ度が高く、成人病の予防にもなるといわれている。

　わかめはカリウム、カルシウム、マグネシウムなどミネラルを豊富に含んでいる。また、鉄、亜鉛、銅、マンガンなども多く、色素成分にはβカロチンが豊富に含まれ、昆布やヒジキと同じく食物繊維が豊富である。その他、腸の働きを整え、血中コレステロール値を下げ、血圧降下など多くの効能が期待できる。

　加工製品には、主に次のようなものがある。

・**板わかめ**：わかめの葉と葉を重ねて貼り付けるようにして、板状に広げて乾燥したわかめ。

・**糸わかめ**：わかめの葉を細く裂いて乾燥した製品。

・**すきわかめ**：わかめを細く刻んで、すのこや網に並べて板状に乾燥した製品。

・**カットわかめ**：湯通し塩蔵わかめを洗って塩抜きし、一口大にカットして乾燥した製品。カットわかめを水で戻すと、量が約12倍に増えるので注意する。

・**茎わかめ**：わかめの中央にある茎を塩蔵した製品で、太く歯ごたえがある。

・**素干しわかめ**：収穫後そのまま浜に干した製品。海の匂いが強く、味はとてもよい。

宮城県産板海苔

松島湾が生産量では多いが、石巻湾なども産地である。浮流し式漁法で11月から採取が始まるが、日本では一番早く入札が始まる。色目や味には特別な特徴はないが、葉質がしっかりしていることから、用途は焼き海苔が中心になり、業務用の需要が多い。

Column

　凍り豆腐の読み方は地方によって異なる。長野県、東北地方や新潟県では凍ることを方言で「しみる」ということから、「凍み豆腐」「凍み餅」とも呼ばれるが、一般的には「こおりとうふ」である。

　また、凍み餅にはつなぎとしてヤマゴボウの葉を入れる。ヤマゴボウの葉の裏側は綿状なので、その繊維がつなぎになり、凍らせても割れないそうだ。緑色をしているがヨモギではない。ヨモギを使うところもある。長野県飯山市富倉地区では蕎麦のつなぎに使っているところもある。

Ⅲ

営みの文化編

伝統行事

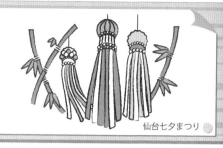

仙台七夕まつり

地域の特性

　東北地方中部に位置する宮城県は、西に奥羽山脈が連なり、中央部は、北上・名取・阿武隈などの河川の沖積平野になっている。東は、大平洋に面し、北から牡鹿半島までは、リアス式海岸が続く。また、日本三景のひとつである松島のある松島湾の南部には砂丘海岸が続いている。

　西部の山間部では、夏季には降水量が、冬季には積雪量がともに多い。内陸部の仙北・仙南地方は、比較的温暖な気候である。沿岸部の三陸地方は、夏季の気温が低く、冷害をおこすこともある。

　江戸時代、仙台藩の藩祖である伊達正宗は、軍の食糧を集めることと領内の産業発展のため、米の増産をめざして仙北平野などの干拓を推進した。領内の運河を整備して物流の円滑化をはかるなど、仙台藩繁栄の礎を築いた。また、城下町仙台は「杜の都」とも呼ばれた。

　近代以降、漁業や工業の基地として発展をみた海岸部であるが、平成23（2011）年3月の大震災で多くが崩壊。復旧、復興がまたれる。

行事・祭礼と芸能の特色

　どちらかというと、農村行事に伝統的なものが多く、そこでは、栗駒山や御所山（船形山）などを対象に「お山信仰」の広がりをみる。が、一方で、海岸部の旧集落によっても登拝行事が伝承されていることにあらためて注目しなくてはならない。たとえば、気仙沼の漁民たちは、古くから大川の上流の室根山（岩手県）を遥拝してきており、室根山神社の祭礼にも参加する。県境が生活習俗を遮るものではない、ということに留意しておかなくてはならない。

　なお、宮城県下の伝統的な民俗芸能としては、秋保の田植踊（仙台市）、大崎八幡神社の能神楽（仙台市）、川前鹿踊・川前剣舞（仙台市）、小迫の延年（栗原市）、雄勝法印神楽（石巻市）などがある。

主な行事・祭礼・芸能

大崎八幡宮どんと祭

1月14日夜から15日早朝にかけて、大崎八幡宮（仙台市）で行なわれる松納めの行事。全国でも最大級の正月送りの行事である。「松焚まつり」ともいう。平成17（2005）年には、仙台市の無形民俗文化財に指定された。

1月14日の夜、境内の一角に近郷近在から持ちよられた門松や注連縄、松飾などの正月飾りや古い神札などが、忌火（清浄な火）によって点火され焚きあげられる。燃えあがるその火は、正月に各家を訪れていた歳神様を送る御神火として、それにあたると心身が清められ、1年間の無病息災・家内安全の加護をえることができる、といわれている。

また、この御神火をめざして、裸参りが行なわれる。これは、厳寒時に仕込に入る杜氏が、醸造の安全祈願のために参拝したのがはじまり、という。白鉢巻に白さらしを巻いて、口には私語を慎むために「含み紙」と呼ばれる紙をくわえる。そして右手に鉦、左手には提灯。そうしたいでたちの人が数千人行列をなして参るようすは、仙台の冬の風物詩ともなっている。

鹽竈みなとまつり

昭和23（1948）年、鹽竈神社の御加護により戦前の活気を取り戻そうとしてはじめられた。当初は、7月10日の鹽竈神社の例祭にあわせて行なわれていた。

その後、祭典日を8月5日に改めたが、平成17年からは、7月の海の日（第3月曜日）に行なわれている。

この日、満潮時に塩水を汲んで、神竈神社に祀ってある「神竈」の旧水と入れかえる。竈は、鹽竈神社の祭神である鹽土老翁神が、この浦で塩を焼いて住民に教えたときの遺物といわれ、事変の際には、竈のなかの水が変色して前兆を示す、と伝えられている。

午後には、重さ200貫（約750キロ）もの大神輿が16人の担ぎ手に担がれて石段を下り、市内を渡御する。そして、船首が鳳凰のかたちをした豪華な御座船「幸安」に移り、天狗の先祓い船の先導で、色とりどりの吹き流しや旗指物などで飾られた多くの供奉船・神楽船などを従えて、5時間余りもの間、松島湾の海上渡御を行なう。百十数隻にも及ぶ大小の船が松島湾を渡御するようすは、さながら平安絵巻をみるようだ、という。

松島の燈籠流し

送り盆の行事。7月16日の夜、精霊を送るために灯籠を川や海に流す。精霊は、海のかなたにあるあの世から舟に乗ってやってきて、盆が終わるとまた舟に乗って西方浄土に帰っていく、と信じられていたからである。

もともとは、それぞれの家で笹の葉や藁、マコモなどで小さな舟をつくり、ろうそくなどを灯しただけのものを流していたが、やがて「灯籠流し」が行なわれるようになった。現代では、たくさんの灯籠を流す華やかさが拡大。ひとつひとつの灯籠は、板切れにろうそくを立て、紙で周囲を囲うだけの簡単なものであるが、水面をおおいかくすほどたくさんの灯籠が流される光景は幻想的である。

石巻川開きまつり

8月1日と2日に行なわれる。江戸時代に北上川河口部の改修を行ない、石巻の発展の礎を築いた川村孫兵衛の偉業をたたえるとともに、海難事故・水難事故で亡くなった人々の霊を供養するまつりである。その日、石巻は、七夕飾りで彩られ、大漁踊や孫兵衛船競漕、花火大会なども行なわれる。この地方で最大のまつり。平成23（2011）年の大震災で、元どおりの復旧が成るかどうかおぼつかないところもあるが、もともと事故で亡くなった霊を供養する意味をもつ行事であるから、ぜひとも継続を望みたいところである。

仙台七夕まつり

8月6日から8日まで、仙台市で行なわれる七夕行事。繁華街を中心に各商店では豪華な吹き流しや、色紙・短冊・千羽鶴・紙細工などを吊り下げて、その意匠を競う。第二次世界大戦後（昭和20年以降）、仙台市の復興を目的に大々的に行なわれるようになり、今日では多くの観光客を集める観光年中行事ともなっている。

七夕は、天の川をはさんで別れ別れになっている牽牛星（彦星＝農業の時季を知らせる星）と織女星（織姫＝養蚕や針仕事をつかさどる星）が、1年に一度だけ会うことのできるとくべつな日とされている。そして、この日に五色の短冊に願い事を書いて笹竹に吊ると願いが叶うとも、字が上達するともいわれる。今では、立派な飾りつけが一般化したが、もともとの七夕行事は、中国の古い伝説にもとづいた行事と、日本古来の清めの行事が結びついたものであった。

旧暦7月は盆行事を行なう月である。先祖の霊を迎えて祀る祖霊まつりを行なう盆の中心の日は15日であるが、そのはじまりは1日とされ「釜蓋

116

朔日」などといった。とくに、祖霊まつりの前7日間は、厳重な物忌（潔斎）をしなければならない。日本では、7月7日は、中国から伝わった牽牛と織女の星まつりというよりも、盆の期間の一部で、穢や厄災を祓う禊の日という意味合いが強かったのである。タナバタという言葉も、タナは神を祀る祭壇の棚、ハタは神の依代としての旗、からきているという説がある。

　しかし、時代とともに盆の期間が短くなったことや中国から伝来した星まつりが普及したこともあって、7月7日が七夕の行事として独立した、と考えられる。

　なお、7月7日の行事には、水に関連する行事が多い。年に一度の井戸浚えの日と定めたり、子どもたちの水浴や牛馬の水浴の日とするところもある。また、七夕流しといって、飾りつけた笹竹を流す習慣もみられるが、このもっとも古いかたちは、穢、邪気、とくに農作業をじゃまする眠気を、ネムの木、ネムの葉などに託して流す、というものであった。

ハレの日の食事

　米どころだけに餅料理が多い。餅は、冠婚葬祭や年中行事に必ず食されるが、枝豆をすりつぶし砂糖と小量の塩などで味をととのえた餡をまぶした「ずんだ餅」は有名である。

　彼岸や盆の精進料理として「おくずかけ」を食する。これは、野菜や白石市特産の温麺などを入れた醤油味の汁にとろみをつけたもので、黄檗宗の精進料理が原型といわれる。

　小正月には、発酵の進んだ白菜漬けを利用した汁ものがつくられる。たとえば、「あざら」というハクサイの古漬けとメヌケの煮付け、サンマとハクサイのショウガ汁など。メヌケのあら汁や魚・野菜を煮こんだ汁ものもみられる。

寺社信仰

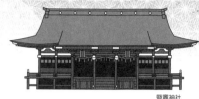

鹽竈神社

寺社信仰の特色

　宮城県の寺社信仰は仙台市郡山や多賀城市にあった陸奥国府を中心として始まった。一帯には郡山廃寺や多賀城廃寺、陸奥国分寺などが建立され、薬師如来や五大菩薩の像が安置された。多賀城の多賀神社は滋賀県の多賀大社の分霊を遷祀したと伝える。

　海路で多賀城に至る松島湾には国府津が開かれ、その鎮護として鹽竈神社が創祀された。祭神は塩釜明神や塩土老翁、塩椎神、塩神様などと伝え、塩を司る神霊を祀ったものと思われる。松島湾に国宝の本堂を構える瑞巌寺の境内からは、9世紀の製塩炉が発掘されている。

　やがて鹽竈神社は陸奥国全土の鎮護ともされ、1193年以前には陸奥国の一宮と認識されていた。その背景には海上交通の重要性のほかに、松島湾の神々しい美しさがあったと思われる。湾内に浮かぶ260余りの島々は国特別名勝「松島」として日本三景に数えられている。

　中世には真言系修験が活躍したとみられ、岩沼市の竹駒神社（宝窟山竹駒寺）や、石巻市の黄金山神社（金華山大金寺）、登米市の弥勒寺などが現在も信仰を集めている。

　弥勒寺は弥勒寺詣りの民俗で知られ、日本三弥勒尊の一つにも数えられている。〈陸前磐城のオガミサマの習俗〉‡では、拝み様（盲目の巫女）が死者の口寄せをすると「弥勒寺詣りをしてくれ」と言うことが多かったため、人々は故人の着物や写真を当寺に納めて供養した。特に盆の大祭は大変な賑わいをみせ、3年参れば夜の群集の中に必ず故人の顔を見つけることができるといわれている（弥勒寺の夜籠り）。

　登米市の宝性院も真言系修験と思われる。本尊は柳津福智満虚空蔵菩薩で鰻を眷属とする。福島県柳津町の福満虚空蔵菩薩、山口県柳井市湘江庵の柳井津虚空蔵尊とともに日本3所の秘仏という。

　近世以降は櫻岡大神宮など伊達政宗ゆかりの寺社も信仰を集める。

　凡例　†：国指定の重要無形／有形民俗文化財、‡：登録有形民俗文化財と記録作成等の措置を講ずべき無形の民俗文化財。また巡礼の霊場（札所）となっている場合は算用数字を用いて略記した

主な寺社信仰

小迫観音
（おばさま）

栗原市金成。坂上田村麻呂が蝦夷平定の折、金成の丘にある白山神社（白山宮）の龍蔵大権現に戦勝を祈願し、帰途に堂宇を建立して十一面観音を祀ったのが始まりと伝える。奥州七観音（坂上田村麻呂建立護国鎮守七処観音堂）に数えられ、奥州33-22でもある。別当は真言宗の楽峰山勝大寺で、その前身は天台宗の畜峯山法華寺であるという。白山神社は三迫の総鎮守で、4月の例大祭（小迫祭り・金成春祭り）では〈小迫の延年〉†が奉納される。勝大寺から白山神社へと神輿が還御する御山詰に続いて、大聖歓喜天への献膳があり、芝山で獅子舞（ちゃれんこ舞）、御山開き（御法楽）、入振舞（田村舞・長刀舞）、飛作舞（胡蝶舞・青陽舞）、田楽舞（花籠舞）が奉納される。実甲冑と実馬を用いて源平合戦を擬した馬乗渡し（的取り）も行われる。

多川稲荷神社
（たがわ）

加美町中新田。1354年、奥州管領（奥州探題）として下向した斯波（大崎）家兼が中新田城を築いた際、氏神として本丸の南東隅に稲荷明神を祀り、初午の日に祭礼を行ったのが始まりと伝える。別当は北町の真言宗八幡山長興寺で、その前身は家兼の祈願寺の長福寺であった。1771年、京都の伏見稲荷大社より正一位を受ける。当地は早春から初夏に強風が吹き荒れ、しばしば大火が発生したため、家兼は『易経』乾卦にある「風は虎に従う」に拠り、虎の威を借りて風禍を鎮めようと初午祭に虎舞を奉納した。これが〈中新田の虎舞〉‡の始まりという。屋根に登って風を受けて舞うのが特徴で、色鮮やかな枝垂れ桜の山車（囃子屋台）とともに町内を練り歩き、家々に上がって火防祈禱も行う「火伏せの虎舞」である。現在は4月29日に行われている。

船形山神社
（ふながたやま）

大和町吉田。舟形権現や升沢権現ともいわれ、西にそびえる船形山（御所山）を遥拝する山麓の社である。真言宗飯峰山信楽寺が別当で、仙台藩雨乞祈禱所10か所の一つであった。5月1日（昔は卯月八日）の例祭は御開帳や作祭とよばれ、奥山の岩窟に秘匿された保食神（田の神）の御正躰（北魏様式の金銅製菩薩立像）を迎え、里宮である薬師堂に納めて神事を行う。祝詞奏上が終わると御神体が開帳され、その発現や湿りの具合で天候や作の豊凶を占う。開帳が終わり神官が長さ約2mの青竹に紙垂を数多く挟んだ梵天を神庭の参詣者の中に投げ

入れると、参拝者は梵天を激しく奪い合う（〈船形山神社の梵天ばやい〉）。手に入れた梵天を田の水口に祭って祈念すれば豊作になるという。

鹿嶋神社（かしま）　大崎市古川米倉。1535年に奥州探題の大崎義直が勧請したと伝える、米どころ宮城の中心である大崎の耕土開拓以来の古社である。1597年からは没落した大崎氏の旧臣・野村刑部らが帰農して佐々木と改姓、大沼の怪物を退治し、社殿を復興して祭祀を続けたという。同族18家で1年ずつ神主の宮座を務めてきたが、1948年からは氏子全戸で交代に当前を務めている。9月8〜10日に行われる例祭の御前講（〈米倉鹿嶋神社の献饌行事〉）は、古式ゆかしい物静かな夜祭りで、初穂献上から始まり、古式に則って雌雉子や鮑・鰹・大根を調理して神に献じる。当宿が雉の撮り身汁を食べる陪膳の箸付、参加者を次々に胴上げする堂実献、社殿を拳で叩き鳴らす鬼祓などの儀を経て、神饌を食する直会となる。

大慈寺（だいじじ）　登米市東和町。奥州33-14。もとは天台宗の諏訪森大慈寺で狼河原にあり、平泉の藤原秀衡が開創したと伝えるが、1429年に黒石（岩手県奥州市水沢区）の正法寺4世・中山良用が現在地に隠居寺として再興して曹洞宗となり、法輪山と号した。境内に鎮座する秋葉大権現を本尊とする〈米川の水かぶり〉†は、2月の初午に五日町地区で行われる火伏せの行事である。朝に水かぶり宿（行場）へ集まった男たち（雲水）は水垢離を取って身を清め、裸体に御〆を巻き、顔に火の神様の印である竈の煤を塗り、当寺の秋葉権現社と諏訪森大慈寺跡で祈願することで、秋葉大権現の使いと化す。そして町へ繰り出し、家々の前に用意された水を屋根にかけ、町中の火伏せをする。この行事は五日町以外の人が入ると火災が起きるといわれ、他の人を加えることはない。

羽田神社（はた）　気仙沼市赤岩。羽田山の中腹に鎮座。太郎坊・次郎坊の杉を神木とし、波多権現や羽田三所権現とよばれた。現在は倉稲魂命・月読命・大名持命を祀る。旧暦8月15日の夜に数え年7歳の男児が登拝する〈羽田のお山がけ〉†は、県内の「七つ児参り」の典型例である。昔は飾り馬に晴れ着姿の児童を乗せて来る家が多く、付き添いで登る祖父や伯父も裃を着たという。社務所で鉢巻・御〆・笈摺と、白紙を巻いた篠竹の杖を身につけて社を出発、祓川で身を漱ぎ、約2kmの険しい道を登る。3合目で山の神、4合目で早馬神社（田の神）、5合目

で姥石、7合目で愛宕神社、8合目で賽ノ神を拝し、山頂の月山神社（奥ノ院）に着くと、社の周囲を右回りに3周し（御鉢巡り）、社前で御祓いを受ける。昔はさらに奥にある徳仙丈山から愛宕山までの7つの山々を登拝したという。

五十鈴神社

石巻市雄勝町熊沢。天照皇大神を祀る。4月と9月の例祭では〈雄勝法印神楽〉†が奉納される。奉納は、宮守とよばれる民家の庭先に仮設した舞殿へ神を迎え、数ある法印神楽のなかでも雄勝だけが現在も執り行う「湯立て神事」から始まる。舞は古典の神話に取材し、所伝は36番であるが、現在は初矢、魔王退治、岩戸開、笹結、日本武尊、道祖、蛭児、産屋など26番となっている。この神楽は羽黒派系といわれ、印を結びトラを踏むなど法印による加持祈祷の様相を残し、分浜の五十鈴神社や上雄勝の新山神社、大浜の葉山（石）神社、明神の塩釜神社、水浜の作楽神社など、雄勝町内の神社を巡って奉納されている。なお、宮城県内には五十鈴神社が多く、東松島市宮戸の五十鈴神社では小正月の鳥追い行事〈月浜のえんずのわり〉†が行われている。

零羊崎神社

石巻市湊。牧山（槙木山）の頂に鎮座。海上守護の神、豊玉彦命（大綿津見神）を祀る湊七郷の鎮守で、式内社の零羊埼神社に比定される。牡鹿十座の筆頭を飾る大社。昔は白山宮とも称し、別当は鷲峰山長禅寺であった。8月9日の祭礼に奉納される〈牡鹿法印神楽〉‡は山伏の演じた獅子神楽の一種で、その祈祷の一方式として悪霊退散や五穀豊穣を祈って舞われたものであり、修験色が豊かである。当地には坂上田村麻呂が奥州三観音（田村三観音）の一つ牧山観音を祀ったともされ、後に円仁が牧山寺（魔鬼山寺）を創建し、それを万治（1658〜60）年間に片桐栄存法印が再興して長禅寺と改めたという。同寺は奥州33-08としても栄えたが、神仏分離で住職が復飾して本堂を神社としたため、牧山観音は中腹にある曹洞宗の両峰山梅渓寺に引き継がれた。

大崎八幡宮

仙台市青葉区。仙台の総鎮守。1607年、伊達政宗が仙台城の北西（乾）の方角に造営し、天門の鎮めとした。社殿は国宝。八幡堂とも呼ばれ、戌亥歳生まれの卦体神としても信仰を集めている。9月14日の例大祭では国重文の長床で〈大崎八幡神社の能神楽〉‡が奉納される。法印神楽の一種で所伝十二番といわれるが、現在は神拝・小弓遊び・竜天・摩応・三天・将足・四天・獅子とり舞いの8

番のみ残す。別当寺は隣接する龍宝寺で、伊達氏の祈禱寺であった。4代藩主伊達綱村が移した清涼寺式釈迦如来木像（国重文）が本尊で、出世如来や願かけ如来と崇拝され、1月14日のどんと祭と4月8日の花まつりに開帳される。その塔頭の東光院には鹿踊と剣舞の踊り組が置かれ、ここから伝授されたのが青葉区芋沢の〈川前鹿踊・川前剣舞〉‡や泉区福岡の鹿踊・剣舞である。

泉明寺　仙台市太白区秋保町。湯元に鎮座し、薬湯山と号する。もと天台宗で開山は円仁、本尊の薬師三尊像は恵心の作というが、1625年に宥賢が中興して真言宗となった。隣の薬師堂（秋保薬師）は神仏分離で薬師神社とされている。5月5日の子育薬師祭では〈秋保の田植踊〉†が奉納される。湯元の田植踊は薬師堂で五穀豊穣を祈願した手踊が発祥で、寺に集った法印や芸人によって今日の12種類の踊が工夫されたという。湯元から名取川をさかのぼった長袋と馬場でも田植踊は行われている。馬場では4月29日の秋保大滝（国名勝）の不動尊大祭で奉納。この不動尊は1825年に知足が再興した。知足は羽黒山荒沢で一千日断穀の後、日本廻国供養を修した木食行者で、翌年に日本一大金銅不動明王坐像を安置、その2年後には衆生済度の本願を発して大滝岩頭から投身遷化したという。

羽山神社　白石市白川犬卒都婆。大山祇神を祀り、羽山権立社や羽山大権現とよばれたが、1873年に現称とした。例祭は11月8日で〈白川犬卒都婆のゴンダチ〉‡が行われる。参加するのは7歳を迎える男児で、その家では前日に餅を搗いて近所や親戚に配り、夕方に親戚を招いて宴会を開く。地域でも前夜祭として羽山祭を開催する。当日午前4時、普段は仮宮に安置されている神体を宮司が背負い、総代らと羽山山（権立山）の頂にある神社（奥宮）へ登り始めると、七つに丸めた一升餅を背負った児童らも登拝を始める。奥宮で一人ずつ御祓いと御札を受けると、持ち寄った酒や煮物・漬物を振る舞い合う。山を下りた児童は付き添いの人などに御礼回りをして、家で祝宴を開く。地元では「権立を終えると親の代理が務まる」といわれ、村の一員になる通過儀礼となっている。

福應寺　角田市鳩原。越後村山の耕雲寺7世・審岩正察が1492年に福島県安積郡で創設した片平家の牌所を、1606年に当地へと移したものと伝える。臥龍山と号し、隣接する春日神社には「龍の枕石」

（疣神様）があり、東の山には龍が尾を載せるという大石があって「尾台森」とよばれている。境内の毘沙門堂は、1605年頃に福島県石川庄の伊達家直臣・片平新太夫が当地を拝領した際、守り本尊の毘沙門天・吉祥天女・善尼（善膩師）童子の三尊像を遷祀したものという。堂の床下には、江戸時代中期から昭和にかけて、百足を描いた数万枚もの〈福應寺毘沙門堂奉納養蚕信仰絵馬〉†が放り込まれた。当地ではかつて養蚕が盛んで、鼠が蚕を襲う害に悩まされたが、毘沙門天の使いである百足は鼠を除けると信じられ、養蚕無事を祈願して人々は絵馬を奉納したのである。

伝統工芸

宮城伝統こけし

地域の特性

　宮城県は東北地方の中部に位置し、北は岩手県と秋田県、南は福島県に接し、奥羽山脈を境に西は山形県、東は太平洋に面している。北部は岩手県から続くリアス式海岸で天然の良港をなし、石巻や塩竈、気仙沼などの漁港が水揚げを誇る。岩手県を縦断して石巻に注ぐ北上川は、全長249kmに及ぶ東北随一の大河である。各地に残る古代遺跡は、この地域が律令国家による東北経営の拠点と位置付けられていたこと、国府や鎮守府が置かれ、北方の蝦夷と対峙していたことを偲ばせる。今もなお多賀城址では、鍛冶や漆などの工房の跡が発掘されている。

　やがて鎌倉幕府が倒れて中世が幕を閉じ、戦国時代を経て伊達氏が台頭すると、仙台に堅固な居城が築かれた。江戸開府とともに、仙台藩初代藩主伊達政宗により北上川河口は大掛かりな改修工事が行われ、新田開発も進んで舟運が活発になった。湾岸部の石巻には仙台藩や盛岡藩の蔵屋敷が建ち並び、集荷された平野部の米が千石船によって海路、江戸へ運ばれ、隆盛をきわめた。

　政宗はまた、1613（慶長18）年臣下の支倉常長らをスペイン、ローマに遣わしたが、その目的は仙台藩の太平洋貿易参入のための外交交渉であったとされている。乗船は、スペイン人の補佐のもと、幕府の船匠を中心に仙台藩の船大工らによって建造された洋式帆船である。一行はメキシコを経由して、スペインのフェリペ3世、ローマ教皇パウルス5世に謁見を果たし、返書を待ったが、受け取れないまま帰国したと伝えられている。

　ちなみに今も気仙大工といわれる船大工の伝統が受け継がれており、新進の地元エレキギターメーカーのネックジョイントの接合に伝統技法を応用するなど技術移入が熱心に行われている。

伝統工芸の特徴とその由来

　宮城県の森林は約42万 ha で、県土の57％を占めており森林資源が豊富である。昔から山々を移動しながら椀木地などを挽く渡り職人も多く、かたわらで遊ぶ子どもたちのために余った木片を挽いてこけしや独楽などをつくって与えていたが、湯治場が近い鳴子や蔵王では温泉土産として人気が出て、量産するようになった。

　県南の白石市では農業のかたわら、製紙、製麺が奨励された。特に白石和紙は長く柔らかい繊維が特長のカジノキを原料とし、紙子や紙布など特殊な用途にも耐える強靭さも備えている。東大寺のお水取りで練行衆が着用する紙衣には、1973（昭和48）年から白石和紙が使われており、現代のアパレル業界からも注目が集まるようになった。

　雄勝石は露天掘りで、江戸時代の初めに、牡鹿半島の遠島へシカ狩りに来た伊達政宗に硯を献上して称賛され、褒美を授かったことが伝えられている。2代目忠宗も雄勝硯の巧みな技に感服して、硯師を召し抱え、硯の原石が採れる山を「お止め山（お留山）」として、一般の者の採掘を禁じたと伝えられている。

　杜の都仙台には東北帝国大学とともに工芸指導所が設置されて、明治時代以降の輸出工芸振興の国策を担ってきたが、1932（昭和7）年に開発された玉虫塗が、近年若者の脚光を浴びている。東北帝国大学の研究所と工芸指導所の支援で地元の有限会社東北工芸製作所により商品化されたもので、金属の素地に色漆が施された金胎漆器の不思議な光沢に人気が再燃している。

知っておきたい主な伝統工芸品

仙台平（仙台市）　仙台平は袴地に用いられる絹織物である。「平」とは平織の略で絹袴地の名称にもなっている。上品な光沢と張りがあり、目が密で厚みがあるので、しわにならず立ち居もスムーズである。何より美しく、ハレの席にぴったりであろう。体に馴染み長時間座っていても疲れにくく、硬軟もほどよく、歩くとサヤサヤと絹ずれの音が立つ。いかにも格調高く、袴地の最高級品とされている。

　1670（寛文10）年頃、4代藩主伊達綱村が京都より職工を招き、藩内の

生糸を用いて、袴、法被、能装束などを織らせた精好織が始まりと伝えられている。精好織とは経（縦）糸に生糸、緯（横）糸に半練りの糸を打ち込む平織だが、仙台平の特徴は経糸本数を増やして密にし、太い練り糸を等間隔に入れて縞にするもので、緯糸も撚りをかけず、湿気を与えながら丹念に打ち込む。しっかりした安心感のある風合いで、耐久性にも富んでいる。幕府・諸侯への贈答品および臣下への下賜品として好評を博し、仙台平の名称で全国に広まった。

　きもの離れもあって長らく需要が低迷していたが、近年、歌舞伎などの伝統芸能や将棋のタイトル戦など着用シーンが報じられることが増え、徐々に若者の関心も高まってきている。現在、織元は1社だけになったが、代表は重要無形文化財保持者として、技術の継承と後進の育成に尽力している。

切込焼（加美町（旧宮崎町））

　切込焼は、染付磁器を主としており、古いものは一見、古伊万里と見紛うが、伊達藩の藩窯として栄えた窯場である。長い間途絶えていたが、復興した現在の切込焼も、代表的な染付には山水絵などの簡素な絵付けが施され、侘びた風情を伝えている。瑠璃釉や鉄釉などを施した陶器も焼かれ、中には3種の青で濃淡をつけて彩色した三彩もみられる。

　江戸時代には、献上用の上質な製品だけでなく、庶民向けの日用雑器も大量に生産された。白地に藍色で文様を描いた染付磁器が主流で、九州の伊万里・有田焼のような純白の地肌には及ばないまでも、かえって温かみを感じさせる素朴さが受けて、多くの人に愛用された。

　明治時代になると、藩の後ろ楯もなくなり窯は廃絶、どっしりとしたらっきょう徳利や蕎麦猪口などの日用雑器は、いつしか謎の染付磁器として骨董屋の店先に埋もれてしまった。1920（大正9）年に地元の実業家により再興が試みられたものの、失敗に終わり、1990（平成2）年に宮崎町の町興し事業の一環として、加美町切込地区にて再興が叶った。

仙台箪笥（仙台市、塩竈市、東松島市ほか）

　仙台箪笥で特徴的なのは、木目の美しさと重厚華麗な鉄の手打ち金具である。主に武士たちによって愛用された四尺箪笥が原型とされ、野郎箪笥とも称された。当主の箪笥として剛毅な風格が重んじられ、引き出しの最上部には刀、左側の3段には男物の羽織を収納するというふ

うに、男性仕様の家具である。

　材料にはケヤキが用いられ、幅4尺（約120cm）、高さ3尺（約90cm）ほどの大きさが標準で、江戸末期から製造され始め、仙台藩の地場産業として成長した。

　つくり方は「指物」「漆塗り」「金具」の三つの部門に分かれ、それぞれ熟練した職人技が駆使される。透明漆を塗り重ね、漆の層の下から美しい木目が透き通って見える本体に、豪華な鉄の装飾金具が取り付けられる。ボタンや唐獅子などの文様を鏨彫りした大型の手打ち金具は、見るからに堅牢で重厚な印象を与える。ちょうどキャビネットサイズの箪笥は、洋間にも映えるため外国人にも好まれ、明治～大正時代中期にかけて、盛んに海外に輸出されていた。戦争で中断した後、戦後は生活様式の変化に応じて意匠開発を進め、輸出も視野に入れ販路開拓に努めている。現在手掛けているのは、スピーカーや手許箪笥など趣味的な贅沢品。伊達の気風は健在である。

岩出山しの竹細工 (大崎市 (旧岩出山町))

　岩出山しの竹細工は、「しの竹」で編んだ手づくりの笊や籠である。「しの竹」とは茎が細く、群生するタケササ類の通称で、柔軟で弾力性に富んだ「しの竹」の特徴を活かして、さまざまな生活用品が現在も生産されている。例をあげると、蕎麦笊や野菜籠、米研ぎ笊などの台所用品。

　江戸時代享保年間（1716～36年）、岩出山第4代城主伊達村泰が京都から竹細工職人を招いて、武士の手仕事として奨励したのが始まりとされ、300年以上にわたって受け継がれてきた編組品である。

　「しの竹」を割って、なめらかな表皮を内側に編み込むことで、手馴染みがよく、耐久性に優れ、水切れがよい機能的な笊や籠が編み上がる。今でもよく使われる米研ぎ笊や茶椀籠などのほか、蕎麦笊、とうふ籠や飯籠、弁当行李など広く日用品として愛用されてきた。

　今ではとうふ籠は出番を失い、もっぱら花器として活用されているが、そろそろ本来の使い方が見直されてもいい時期かもしれない。最近は買い物籠や野菜籠のように、実用を兼ねたお洒落なインテリア用品としても人気が出てきている。

雄勝硯（おがつすずり）（仙台市、石巻市雄勝町）

雄勝硯の特徴は、艶やかな黒い石肌と発墨のよさである。硯という字は石を見ると書く。硯の条件が備わった石でなければ硯にはならない。条件とは、第一に鋒鋩（ほうぼう）のバランスである。墨をする際に大根おろしの歯のような役目を担うこの鋒鋩がバランスよく林立しているかどうか。そして、第二に石そのものが美しいかどうかである。

2億5000年前の太古の川の泥漿（でいしょう）が堆積されてできたとされる雄勝石は、黒色硬質粘板岩で、黒または暗い藍色、鋒鋩のバランスに優れ、発墨も良好、石肌は滑らかと、まさしくこの条件がすべて揃っており、中国の名硯端渓（そう）を思わせる。露天掘りで採石され、全国天然硯原石産出量の9割を占める日本一の産地であったが、2011（平成23）年の東日本大震災による津波で採石場は閉ざされ、町に残る職人は唯一人になってしまった。

しかし、幸いなことに生産基盤が失われようとする寸前、復興の意欲に燃える二人の若者が相次いで志願し、組合の工房で修業に励んでいる。スレート屋根資材としての活用も復活、石皿などの食器の開発も進行中である。

宮城伝統こけし（みやぎでんとう）（仙台市、白石市、大崎市、刈田郡蔵王町、松島町ほか）

宮城伝統こけしは宮城県内で製造される木製の郷土玩具で、轆轤（ろくろ）挽きした頭部と胴体だけという、きわめて簡略化された造形と清楚で可憐な表情が好まれ、コレクターも多い。江戸時代中期以後、もともと木地師が我が子に玩具としてつくっていたものが、温泉土産として広まったといわれている。材料となるミズキやイタヤカエデの皮をむいて6カ月〜1年間自然乾燥させた後、寸法に合わせて木を裁断し、轆轤を回転させて頭、胴を鉋（かんな）で削り、顔や胴の絵柄を描き、ろう磨きをして仕上げる。

「鳴子こけし（なるこ）」「作並こけし（さくなみ）」「遠刈田こけし（とおがった）」「弥治郎こけし（やじろう）」「肘折こけし（ひじおり）」の五つの系統があり、製法も材料もほぼ共通しているが、意匠は少しずつ異なる。

鳴子こけしは、一重の目と丸い鼻が特徴。胴には菊を側面から見た、重ね菊などが描かれ、首を廻すとキュッキュッと鳴る。

弥治郎こけしは蔵王連峰の小さな山あいの弥次郎集落で生まれた。赤や黄色などの鮮やかな彩色と轆轤模様がモダンで個性的である。

遠刈田こけしはパッチリとした目、すっとした鼻筋におちょぼ口、京都の芸妓・花魁をイメージしたなで肩の直胴で、やや不安定である。

　さらに山深い作並では、母の背におぶられた幼子たちが、小さな手にこけしを握り、ガラガラのようにして遊んでいたようである。もともと鑑賞用ではなく、特に作並こけしは立てると不安定だったため、台をつけて飾るように改良され、現在の形になった。

　肘折こけしは頭部にリボン状、あるいは放射状の手絡が描かれる。

堤人形（仙台市）　堤人形は京都の伏見人形とともに、郷土人形の二大源流とされる土人形で、元禄年間（1688〜1704年）に、仙台に開窯した堤焼を母体として誕生したと推察される。当時流行していた浮世絵の登場人物を生き生きと立体化したもので、町人文化が花開いた文化文政年間（1804〜30年）の頃が最盛期とされ、多くの人形師が優れた作品を残している。鄙びた中にも優美で古雅な作風が漂い、花巻市、米沢市、高田市など東北各地の土人形に大きな影響を与えたといわれている。

　原材料は粘土と顔料のみ。工程は原型、型取り、素地づくり、焼成、彩色の順で行われる。主な商品として干支、雛人形、鯛持金時などの五月人形、花魁などの風俗人形などが踏襲されているが、若い後継者によって、のびのびと時代の流行を映した新作も生み出されている。

民　話

地域の特徴

　宮城県は東北地方の中部、太平洋側に位置する。北は岩手県と秋田県、南は福島県に接し、西および北西隅は奥羽山脈を境として山形県に隣接する。太平洋に突き出る牡鹿半島以北は複雑なリアス式海岸をなし、仙台湾岸は砂浜海岸が続く。沿岸地域は漁業が盛んで、石巻や女川など現在も日本で有数の漁港となっている。洪水に悩まされた地域も多いが、戦後は干拓が進められ、穀倉地帯が広がった。ただ、夏期にヤマセと呼ばれる北東風が吹くと、日照不足と低温により稲作は冷害を起こしやすく、農民に警戒されている。江戸時代から「日本三景」といわれた松島には、多くの文人が訪れ、現在も観光客が多い。

　奈良時代には、北方の蝦夷と対立する大和文化の最前線に位置していたことが多賀城碑からわかる。江戸時代には仙台藩が設けられ、伊達政宗のさまざまな干拓事業により水路を整え、産業も多彩となった。明治期以降、工業は仙台や石巻に若干みられたが、県内の産業の中心は農水産業である。1960（昭和35）年のチリ地震津波、1978（昭和53）年の宮城県沖地震、2003（平成15）年の宮城県北部地震、2011（平成23）年の東日本大震災とそれにともなう津波など、多くの震災の被害に遭っている。

伝承と特徴

　宮城県における民話の採集および研究は、戦前はほとんどなされていなかったが、戦後の1960（昭和35）年に発足した「みちのく昔話研究会」以降、盛んになっていく。後に宮城県の民話の採集、研究を進めていく佐々木徳夫もこの研究会から『酒の三太郎』を発刊している。佐々木はその後も『夢買い長者』『陸前昔話集』『陸前の昔話』『永浦誠喜翁の昔話』など多くの資料を残しており、それによって県内の民話の伝承の実態が徐々に明らかになってきた。

宮城県教育委員会が「みやぎ民話の会」へ調査を委託し、昭和60（1985）年度から62（1987）年度までの調査をまとめた『宮城県の民話』により、県内の昔話の概観がつかめるようになった。それによると、昔話の形態は仙台市と旧宮城町のあたりを境界線として、県北部と県南部で分けられるという。県北部では語り始めが「むがすむがす」「むがすあったどごろぬ」であり、仙台中心部に近くなるにつれて濁音がとれて「むかしむかし」「むかしあるところに」になる傾向がある。そして南下すると「ずっとむかし」「ざっとむかし」となる。語り収めは北部は「えんつこ、もんつこ、さげだ」系統であるが、南部には特定のものはない。

　こうした南北の語りの形式の違いは伝承内容の違いにも表れている。北部は昔話の伝承度が高く、多くの話を有する話者が多いのに対し、南部では有力な話者の資料が見出せていない。これには土地柄がかかわっているといわれている。県北部は肥沃な穀倉地帯を抱え、また、昔話が盛んな岩手県南部との交易や婚姻による交流が深かった。それに対し、県南はそうした場や交流も少なく、さらに白石市のあたりでは江戸時代から農業の傍ら製紙・製麺が奨励されるなど商品経済が、昔話の疲弊へとつながったとみられる。また、内陸部と沿岸部でも伝承度に差が出ている。これは農業と漁業の時間に対する価値観と余暇の過ごし方の差からくるものであるように思われる。

　「みやぎ民話の会」は優れた資料を報告する一方、語りの活動にも精力的に携わり、今度の東日本大震災以降は被災者の声を聞き、その報告などの活動も行っている。

おもな民話（昔話）

釜神さまのはじまり

　むがぁし、あったつもねえ。ある所に、じいさまとばあさまがいたんだと。二人で一生懸命働いたけれども、なかなか金持ちになれなかった。子どももなくさびしかったんだと。ほんで、毎晩子どもが欲しいと言っていた。じいさま山へ柴刈りにいったら穴があったんで、危ないからふさごうと思って柴木を入れた。そしたらその穴から立派な姫さまが出てきて柴木のお礼をしたいからと穴に招かれた。そこでご馳走をたくさん食べて、帰りにかわいい男の子をもらった。その子どもを二人で一生懸命育てたら、その息子は体ばかり

大きくなって、全く稼がない。おまけに、鼻は大きく、口は大きく、ちょっと見苦しくなってしまった。それでもじいさまは自分の子どもだと思って大切にしてたけど、ばあさまは気に食わなくなってきたんだと。その息子が昼寝してて、へそのあたりをいじっているうちに、へそから小判が一枚、出たんだと。毎日へそから小判が一枚ずつ出てきて長者になったんだと。ところがばあさまはもっと小判欲しくて、息子のへそを火箸でついたら、息子は死んでしまったと。悲しんだじいさまは息子の顔の形を泥で作って、自分が住んでいる家の柱にかけて毎日拝んで息子の冥福を祈ったんだと。それが今の釜神さんのはじまりになったんだと。えんつこまんま、ぽっとさけた（『南三陸町入谷の伝承』）。

　この昔話は、県北部の旧志津川町（現・南三陸町）の山内郁が語ったもの。山内は1929（昭和4）年南三陸町入谷字林際生まれの話者である。山内家では昔話をはじめ、あらゆる話が語られていたが、郁が継承した昔話は、母よしをからのものである。この話は「竜宮童子」と同様のモチーフであるが、それが釜神と結びついているところに特色がある。この釜神の面は、宮城県と岩手県南部で多く見られる。こうした醜い自分に似た人形を、竈（かまど）の前に掛ければ家が富むという夢でのお告げがあったという昔話が、岩手県の『紫波郡昔話集』に報告されている。その子どもが「ひょうとく」という名であったことから「ひょっとこ」との関連も指摘される。

鱈（たら）の化け物

　むかしむかしある浜辺に、一人暮らしのおなごがいたんだと。ある晩、見たことがない色白な男がやってきて、炉ばたに座っていつまでも動がねえんだと。次の晩も、その次の晩もやってきて、動がねんだと。ほんで、近くの物知りのおばんつぁんに打ち明けたら、鱈の化け物だから、小豆を煮てそれをかけてみなさいと言われだんだと。その晩、その男が小豆を煮ていると聞いて顔色を変えて帰ろうとしたから、おなごは男に小豆を鍋ごとかけたら、「あっつい、あっつい」て言いながら逃げでったんだと。次の朝、浜辺さ行ってみだら、火傷したおっきな鱈が波打ち際で死んでだんだと。こんで、えんつこ、もんつこ、さげだどや（『永浦誠喜翁の昔話』）。

　この昔話の語り手である永浦誠喜は、100話クラスの語り手であり、旧南方町（現・登米市）で農業に従事しながら公民館長も務めた人物である。この昔話は「鱈聟（たらむこ）」ともいわれ、気仙沼や本吉地方でも確認されている。

「蛇聟入」の話型のうち、毎夜女のもとを訪れてくる「苧環型」を思わせる語りといえる。菱川晶子はこの話の背景に、小豆がもつ霊的な力があることを指摘している。

与茂吉話

登米市に与茂吉という人物の笑話が報告されている。ある晩、旦那さんに、「明朝早くにシッキリ（のこぎり）の目をたてるやすりを買って来い」と言われて町に買いに行ったがなかった。せっかく赤生津（旧・豊里町の地名）からやってきたのに何も買わないのは腹が立つので、一すり足して薬買うべと思い、薬屋に行って、ひび薬を買って帰って、旦那に怒られだんだどさ（『陸前の昔話』）。

旦那さんが、客が来たからどじょう汁を御馳走しようと思って、与茂吉にどじょうを裏の堀で「洗れ流してこ」と言った。与茂吉はどじょうをざるに入れて、一匹ずつ洗ってはペロリ、洗ってはペロリと流してしまった。空になったざるを持ってきて、「『洗れ流してこ』と言われたから、洗って流して来たでば」て言ったんだどさ（同書）。

他にも、12話が『陸前の昔話』に報告されている。この与茂吉の話は、登米市と旧桃生郡西部にわたって伝承されているが、話に実在の地名を織り込み、よりリアリティをもった笑いにしている。その結果、実在の人物として信じられていた節もあり、その墓の所在があったという。

おもな民話（伝説）

西行戻しの松

名跡を求めて諸国を遍歴していた西行が松島の姉取山の途中で休んで和歌を詠むと、傍で鎌で草を刈っていた童子がそれを嘲い、西行の和歌を翻案して詠んだ。西行が驚いて　業（職業）を尋ねると「冬萌えて夏枯れ草（麦）を刈って業としている」と答えたが、西行はその意を解せず恥じていると、童子は「松島は霊区（霊域）で才人が多い、恥を残すより速やかに帰るがよい」というので、西行はここを立ち去った。この童子は山王の神の化身であり、これによって西行戻しの松という（『松島町史（資料編）』）。

また、同じ松島の西行戻しの松の伝説には次のようなものもある。

西行が北面の侍だった時、通じた宮仕えの女に「あこぎ」といってたしなめられたが、意味が分からず出家して旅に出た。そして松のところで牛に草を食わせていた老人が「なんとあこぎなことである」と言って牛を叱

った。その意味を西行が訪ねると「伊勢の海あこぎが浦にひく網も　たび重ればあらわれやせん」と古歌を引いて答えた。西行は自分の至らないことを知り、ここから引き返した。この老人は松島明神の化身であったという（『陸前の伝説』）。

　この西行戻しの松の伝承は1487年の「廻国雑記」にも記載がある。近世期には松島という景勝地が文人にも広く知られており、そうした縁によって記述された伝説といえる。この松島の西行戻しの松の山を下っていくと瑞巌寺があり、そこで修行をしていた宗教者の関与に寄るのかもしれない。歌人の伝説としては他に小野小町の生誕や墓地なども確認できる。

甲冑堂（かっちゅうどう）　白石市に坂上田村麻呂を祭る田村神社が鎮座しており、その境内に甲冑堂がある。源義経家臣の佐藤継信・忠信兄弟の妻楓と初音の甲冑姿の木像が安置されている。兄継信は壇ノ浦の戦いで、義経の身代わりで討ち死にし、弟忠信は義経を平泉におくったのち、京都で自害したという。この甲冑姿は息子の安否を気遣う老母を慰めるため、形見の甲冑を身につけ、無事凱旋をしたと伝える雄姿であるという（『宮城の伝説』）。

　この話は戦前の国定教科書の『高等小学校読本』でも取り上げられた。『奥の細道』の旅で、芭蕉も曽良と共にここを拝観しているが、芭蕉が訪れたときは放火のために焼失していたともいう。1795年の『東遊記』（橘南谿）でも先の伝説を確認できる。坂上田村麻呂と鈴鹿御前を祀る（『宮城縣史21』）という伝承もある。

おもな民話（世間話）

猫塚　昔、梶賀村に半沢某という者があり、一家中特に主婦は飼猫を可愛がり、猫もまたその傍をはなれず、夜は厠にまでついて行く。ある夜猫が裾をくわえて離さないので、主人は怒って刀で猫を切った。すると首は飛んで厠の小窓から入ってきた毒蛇に噛みついてこれを殺した。主人は初めて猫の忠義を知り、手厚く葬り祠を建てて祭った。土地ではこれを猫神社といい、いまも残っている（『宮城縣史21』）。

　これは、角田市で確認された話であるが、仙台市では伊達家邸内の話として伝承されている。この話は「犬塚」や「忠義な犬」として、日本では『今昔物語集』ですでに確認でき、また世界的にも分布する話である。そ

の犬がこの話では猫になっているところがおもしろい。猫といえば、死体を操る「猫檀家」や、殺されて復讐する「猫と南瓜」など、伝承の世界では魔性の生き物、異界との交渉をもつ動物と見なされるなどが、そういった魔を帯びていない。なお、この話が1757年の『近世江都著聞集』に記されている。

水死人と先祖　海で土座衛門（水死人）拾ってくると、大漁があたるって、むかしから漁師は語っている。親類の人で、初めて船を買ったときのこと、気仙沼に水揚げに来たときに土座衛門を拾ったんだって。それを警察に届けたけどだれか分からなかったから、自分で埋葬するって言って、大雄寺に埋葬したんだね。そうしたっけ、どんどん漁当たって、成金になったの。「このお仏は、おら家の先祖だ。このお仏のために、魚が獲れて当たって、そしてお金もうけたんだ」って、今でも祀っている。お墓を新しく建てたときも、ほんとうに先祖として祭ったんだっけね（『南三陸町入谷の伝承』）。

　水死人を船に上げれば大漁になるというのは広い伝承をもっている。波平恵美子は水死人をエビスと呼んでいることに注目し、外来者としての性格があるとしたうえで、ケガレが逆にハレの持つ力へと転換したと述べている。また、伝承の背景には海が死と背中合わせの場所であることも関係しているのであろう。

妖怪伝承

テンテンコブシ

地域の特徴

　宮城県は旧仙台藩領の３分の２を占める面積であるが、岩手県南部の旧仙台領とも文化的な交流があり、「南部神楽」などの同様の民俗文化が多い。県の西側には、奥羽山脈が北から南へ向けて立ちふさがり、栗駒山・船形山・蔵王など、信仰と関わる山々が並んでいる。中央の平野部へ向けて県北からなだらかに連なるのが、北上山地の南端の丘陵である。大崎市を中心とする大崎平野は「大崎耕土」ともよばれる肥沃な地で、良質の米を産出する。一方でその「耕土」は、それゆえにこそ低湿地でもあり、多くの洪水に見舞われながらも、人々は河川管理に努めてきた。宮城県の海岸北部は、リアス式海岸の南三陸地方であり、親潮と黒潮の交わる豊かな漁場を擁し、それは金華山まで続いている。松島のある仙台湾を南下すると、県南は海浜地帯である。県内の多様で特質のある海岸線に立地する多くの集落も、海からの恵みとともに、度重なる津波を被ってきている。現在、県庁所在地である仙台市へ人口が集中しつつある状況だが、食文化の豊かな県としても、東北地方を牽引している。

伝承の特徴

　宮城県において、自然からの恵みと災いという両面の姿に向き合ってきた人々は、山や川、海に対する信仰も深く、山の神などの神格に対して直感的に対応してきた。一方で、その山や海に対する妖怪も多様で、人々は山中や海上で感じる怖れを、それらの妖怪に代表させてきた。妖怪の語りや伝承者も、山や海で働く者が多いようである。
　宮城県東北部の山陵地帯は、北上山地の南端であり、北上山地の旧家に出没する妖怪の典型であるザシキワラシも、宮城県には多い。また、海にも「河童」が居ると伝えられ、石巻市・女川町・塩釜市などの離島には、キツネにだまされた話と同型の、猫にだまされた話が主に語られている。

主な妖怪たち

糸車を回す婆様

夜に鉄砲を持って化け物を撃ちにいった者が、山中の家で糸車を回している婆様の影を見た。化け物だと思って、ねらって撃ったところ、その人影が一瞬消えてから、また元に戻り、「アハハアハハ」と笑われた。何度も繰り返したが、最後に家の明かりをねらい、さらにカヤの尾花を鉄砲に入れて撃ったところ、明かりが消えて、年月を経たサルが正体を現して死んでいた。婆様だと思って撃っていたのは、木の根だった。

海人魚

気仙沼市唐桑町津本の漁師が、カツオ船に乗っていて目撃したのは、髪の毛が長く、美しい顔をしている女性で、クジラのようなヒレがあって胴体は人間のような姿だった。これを「海人魚」とよんでいた。同町鮪立では、つかまえた人魚を逃がしてやったところ、その人魚から「なめただけでも3年長生きするのに、どうして放したのだ」とからかわれたという。

海坊主

石巻市の網地島のカツオ船が大漁するたびに、船上からカツオを熊野神社に投げ与えていたが、もったいないからといって、オカに上がるやいなや潜って、そのカツオを拾い続けていた船頭がいた。ある夜明けに、その船頭の名前が呼ばれ、大戸を開けたところ、雲を突くような大坊主に片手をつかまれた。柱に抱きつき、大戸の仕切りに足をかけて、こらえているうち、その仕切りが抜けて坊主の脛に当たった。坊主は、「お前が行かなかったら馬を連れていく」と語って、馬屋から馬を、土手を崩しながら、海に引っ張りこんでしまった。

気仙沼市の大島では、灯台長がオカから帰還するときに、美しい女に化けた海坊主が現れて、泳ぎくらべをしようと挑戦された話がある。

大鱈

気仙沼市の五駄鱈の海に近い家の娘に、毎夜通ってくる和子様（若者）がいた。和子様とお付き合いすると体が冷えると言うので、家のお年寄りが、その男の袴に麻糸を付けた縫針を刺すことを勧める。翌朝、その麻糸をたどっていくと、沼のなかに大きな鱈が死んでいた。馬に付けると五駄もあったというので「五駄鱈」という地名が生まれた。

南三陸町戸倉の同様の話は、「姫子岩」とよばれる、鱈の親分のところに子分の鱈が集まるところの話となっており、鱈網で大漁する漁場であった。

片目の鮒　　大郷町大谷のメッコ沼の鮒は、みな片目だというが、猟師がその沼の大鮒の眼を貫いて殺したからだという。その猟師も片目を刺されて死んでいたという。

河童　　宮城県内では、旧暦の6月15日は「天王様」の祭日で、各家で初物のキュウリを神様に上げる。初なりのキュウリの味を記憶している子どもたちは、朝早くからいそいそとキュウリを手に持って、川や海に供えに行った。気仙沼地方などの、海に流すムラでは「河童様に上げ申す」と唱えた。子どもが危険な場所で泳ぐことを禁じるために、「河童に引かれるから泳ぐな」と注意を与えることもある。

この地方では、河童をクラゲのことだと捉えており、クラゲは潮とともに移動するので、満潮時に川をさかのぼることがある。このことを「河童の川流れ」といい、一般的な「達人もときには失敗を招く」という意味ではなく、「困難なことが転じてスムーズに事がはかどるようになる」ことを、たとえて語っている。一方で女川町では、雨の降る夕方に、頭の上の皿に水が溜まって元気がよくなった河童が立って川を上っていく姿が何べんも目撃されたという。

気仙沼市台のろくろ淵では、足首を痛めていた馬が患部を冷やしていたところ、河童が悪戯をしたが、逆につかまえられて詫びを入れたという話がある。同市の沖ノ田橋にも近くの砂原では、河童と知らずに相撲をとっていたお年寄りの話もある。河童は人間のワタ（腸）を取る魂胆なので、相撲をとりながら相手の尻にばかり手をまわすものだという。

色麻町一の関地区にある磯良神社は「オカッパ様」とよばれ、木造の河童像がご神体として祀られている。祭日は旧暦の6月15日で、この神社の宮司の姓は、代々「川童」である。この地方にも、切られた腕を接ぐことができる「河童膏」を、河童から切った腕と交換して持ち伝えている話がある。

ザシキワラシ　　北上山地を主要な分布地とする家の妖怪。気仙沼市大島の村上家ではザシキボウズが居たという（佐々木喜善「ザシキワラシの話」）。村上家は村長を出した旧家で、家を役場にあてていた。気仙沼市の旧長磯村の斎藤家も村長を出し、役場を兼ねていたが、ここでも一時ザシキワラシの噂が出た。役場用のつくったばかりの糊が一晩で空になり、これはザシキワラシが食べたとされた。同市八日町に

あった気仙沼尋常小学校でも、ある生徒が便所でザシキワラシを見たといい、全校生徒が怖がって便所に行かなくなったこともある。町役場にしろ小学校にしろ、それは近代のマチの民俗であった。

北上山地の南端に位置する南三陸町入谷の菅原家では、代かきの馬を扱う者がいなくて困っていたとき、どこからかワラシがやって来て、手伝ってもらった。夜になって魚をごちそうしようとしたところ、クックッと笑ってから奥座敷へ行き、それから外へ出て雲南神社の祠の中へ入っていった。それから菅原家では、田仕事に魚を食べなくなったという。

登米市南方町原の佐々木家では、ザシキワラシが居たのは離れの部屋で、座敷を掃く音がしたという。代替わりとして財産の受け渡しをしたときに、必ず6～7歳の女の子の姿が、新しい当主の目に見えたものだという。

東松島町の宮戸島の観音寺では、本堂の執中とよばれる座敷の隅から現れて、そこでにぎやかに酒を飲み交わすというから、人数も多いザシキワラシである。これらは座敷を浄めるために出てくるのだから、見るものではないといわれた。もし見た者は小人になってしまうそうである。ここのザシキワラシ自体が非常に小さく、3寸（約9cm）くらいだったという。

大蛇

気仙沼市名木沢に門兵衛という猟師がおり、山奥で糸車を回している婆様の妖怪を退治した。ある日、大蛇に出会い、得たりとばかりに鉄砲を撃つと、みごとに左眼に命中した。これと同時に、大雨が降り、大蛇は門兵衛を流そうとするが、逆に大蛇のほうが押し流され、とうとう海まで出て、大島の葡萄口というところで沈んだ。その後、門兵衛の親戚が大島へ渡るときには必ずさざ波が立ったという。また、門兵衛の一族が代々片目の悪いのは、大蛇の祟りだといわれている。

一説には、この大蛇は葡萄口に沈まず、大島の亀山を這い登っていったという。その通った跡は、大蛇の脂で草木も生えず、「枯木沢」という地名が残っている。さらに、その大蛇は大島のお薬師さんに祀られ、眼の神様となったという。

黒川郡の大郷町では、板谷斎兵衛という名猟師が大蛇を撃ったという話があり、ゆかりの残間家では、「大蛇の骨」という物品も伝えている。

また、七ヶ浜町花淵浜の花淵善兵衛は、大蛇の歯の間に刺さっていた獣骨を抜いてやったところ、山に入るときの蛇除けの呪い言葉として、「花淵善兵衛のお通りだ」と唱えることを教えられたという。

テンテンコブシ

気仙沼地方では、ワラ打ちツチを椿の木でつくると、その晩に化け物が来て、「テンテンコブシ殿はいませんか？」と、戸の口から尋ねられるという。テンテンコブシが家に居ると、「南山の一目鳥」や「北山の馬頭」「東山の白猿」「西山の鶏三足」とよばれる化け物が訪問に来るともいわれ、椿でワラ打ちツチはつくってはいけないといわれている。

人をだます猫

宮城県の離島には、猫が人をだましたという話が多い。小野喜惣治は『田代管見録』（1888）のなかで、田代島（石巻市）には「恰も吾人ガ幼児老婆ノ狐狸談ヲ聞ガ如ク」とある。網地島（石巻市）では、二重マントを着て、高帽を被った男が漁師に金を渡して、田代島から渡ってきたというが、その金を見たら木の葉であったという話が伝わっている。その男が船から飛び跳ねて上陸するのが上手だったので、猫だとわかったという。その網地島の学校では、宿直していた先生が、毎晩、猫が「追分」を歌ってきて、窓から覗き込むのを目撃した。その猫は船賃として、その当時で２円の金を出したという。船便の少ない田代島では、臨時に網地島へ船を出してもらうときは、今でも、そのために2,000円を支払うという。〈２〉という数字は、猫が付けてくれたものとして、現在も重んじられている。

出島（女川町）では唄を、野々島（塩釜市）には浄瑠璃を歌う猫の話が伝わっている。田代島では「猫神様」、野々島には「猫神社」が祀られている。

ヒヒ

気仙沼市本吉町に、ヒヒ（年老いたサル）にさらわれた娘がいた。故郷の者が南部参詣で五葉山に行ったところ、その娘が洗濯をしていたのを発見して、家に戻るように説得したが、何不自由なく暮らしているので帰らないと語ったという話が伝えられている。

船幽霊

菅江真澄（1754～1829）は、1786（天明６）年７月、気仙沼市の大島へ渡るときの船中で、「船幽霊」の話を聞いている。「もやの日」に出るといわれ、ヒシャク（ひしゃく）を貸せと語られたときは、底を抜いて貸すものだという（菅江真澄「はしわのわか葉　続」）。船幽霊の出現は、季節を選ばず、総じて、春先のモヤのかかった時分とか、雨の降る夜、雪が降って四方が真っ白にみえるなど、海で視界が遮られたときに出る。

真澄が聞いた船幽霊の話は、沖に碇泊していたカツオ船に船幽霊が近づき、次々と人が乗り移ってきたという。それを狭い一室に閉じ込めたところ、翌朝にはみな、クラゲになっていた。同様の話は七ヶ浜にもあり、カツオ一本釣り船が次々とカツオを釣っていたが、近づいた船が見たところ、カツオではなく、水クラゲを釣っていたという。

　南三陸町の寺浜では、大阪徳蔵という船頭が元旦に船を出したところ、船の前に急に山が現れた。山を避ければ、逆に暗礁に乗り上げると判断した徳蔵は、山を乗り切って助かった。「大阪徳蔵、山乗った」という地口も残っている。

　一時代前までは、船上などから、ぼんやりとした明かりを見たときなどに「船幽霊」を見たと語られることが多かった。南三陸町の清水浜では、ハモドウ（ハモ漁で使う筌）を上げているときに、人の手が現れ、それが海に落ちたときに、たくさんの手が出てきて船べりにすがり付いて離れなかったという。トランシーバーで友人の船に助けを求めたが、救いに来たときは消えていた。

　真澄は「船幽霊」について、「ここらのふねの、あやまちて浪にとられ、海に死にたる者の、たましひ」が留まったものと記している。

まさぼう滝

　気仙沼市の山間部を流れる渡戸川には「まさぼう滝」とよばれる小滝がある。ある作男がこの滝に毒もみをかけて、イワナやカジカを捕っていたところ、大ウナギが浮いてきた。男は大喜びで取り上げ、早速、背負いダツ（運搬具）に入れて帰りかけた。そのとき、滝の中から「マサボウ、マサボウ、いつ来るや」と聞こえたと思うと、背中のダツのなかで「マサボウはいつ来る来ずさ」と大ウナギが声を返した。男は驚いてダツを滝に投げ、一目散に逃げ帰ったという。同じ話が付いている「昌坊滝」は、登米市東和町と岩手県藤沢町との境にも伝えられている。

山小屋の妖怪

　気仙沼市塚沢にあった「きのこ小屋」に炭焼きに行った者が化け物に出会い、その化け物は人の心をよむ化け物で、木やマサカリで退治しようと思っても見破られてしまう。そのうちに、小屋のオキリ（炭火）が化け物に急に跳んでいき、化け物は退散するという話である。同市の西中才の同型の話では、小屋を訪問したのは、婆さんに化けたムササビであった。

高校野球

宮城県高校野球史

　現在，東北6県の中では圧倒的な強さを誇る宮城県だが，戦前の宮城県は岩手県や秋田県の後塵を拝していた．野球部の誕生も東北の他県と比べると遅く，仙台一中の創部が1897年である．1900年に仙台一中分校（現在の仙台二高）でも創部した．23年に仙台一中が初めて甲子園に出場し，30年には東北中学が水戸中学を破って全国大会の初勝利をあげた．

　戦後，いち早く実力をつけたのが東北高校であった．東北高校は58年夏に戦後初勝利をあげると，以後4年連続して甲子園に出場，59年夏には宮城県勢として初めてベスト4まで進んだ．

　仙台育英高校は63年夏に初めて出場．68年選抜では初勝利をあげ，以後東北高校と仙台育英高校の2強時代を迎えた．

　65年，東北高校に竹田利秋監督が就任，73年には仙台育英高校の監督が金沢規生に代わって，両チームは宮城県内のみならず，東北球界を代表する2強となった．72年から2000年までに宮城県から夏の甲子園に出場した28代表は，仙台育英高校15回，東北高校10回で，他の学校は，仙台商業，東陵高校，市立仙台高校が1回ずつ出場しているだけである．

　東北高校は76年夏にベスト8まで進出，77年秋と82年秋には明治神宮大会で優勝している他，84年夏からは「大魔神」こと佐々木主浩投手を擁して3季連続して甲子園に出場した．

　この年の秋，東北高校を全国的な強豪に育て上げた竹田監督がライバル仙台育英高校の監督に転じ，89年夏にはついに決勝まで進んだ．決勝では帝京高校と対戦，延長戦にまで持ち込んだが惜敗し，悲願の優勝はならなかった．

　その後，仙台育英高校は2001年春に選抜としては東北初の決勝戦に進出，03年夏には東北高校，15年夏には仙台育英高校が甲子園決勝まで進んでいる．

主な高校

仙台育英高 （仙台市，私立）
春14回・夏28回出場
通算50勝41敗，準優勝3回

　1905年育英塾として創立．13年仙台育英学校として中等学校に昇格した．48年の学制改革で仙台育英高校となる．

　30年創部．63年夏に甲子園に初出場した．75年以降は常連校となり，東北高とともに東北を代表する強豪校として活躍し続けている．この間，89年夏にエース大越基を擁して宮城県勢として初めて決勝に進出．以後，2001年春，15年夏と3回準優勝している．

仙台一高 （仙台市，県立）
春0回・夏3回出場
通算0勝3敗

　1892年宮城県尋常中学校として創立．99年宮城県中学校，1900年宮城県第一中学校，01年県立宮城第一中学校を経て，04年県立仙台第一中学校と改称．48年の学制改革で仙台第一高校となった．

　1897年に創部した県内きっての名門で，仙台一中時代の1923年夏に宮城県勢として全国大会初出場．戦後も50年夏に出場している．

仙台商 （仙台市，市立）
春1回・夏3回出場
通算4勝4敗

　1896年仙台市立簡易商業学校として創立．1900年仙台市立商業学校となる．19年仙台商業学校と改称．48年の学制改革で仙台商業高校となった．2009年仙台女子商業高校を統合．

　正式な創部は1921年だが，それ以前から活動していた．67年選抜で甲子園初出場，同年夏には初勝利をあげる．69年夏にはベスト8まで進んだ．83年夏にも出場している．

仙台二高 （仙台市，県立）
春0回・夏3回出場
通算3勝3敗

　1900年宮城県第二中学校として創立．04年県立仙台第二中学校と改称．48年の学制改革で県立仙台第二高校となる．

　創部は00年とも01年ともいう．25年夏に甲子園初出場．47年夏にはベスト4まで進んでいる．56年夏もベスト8に進出．

東北高 (仙台市, 私立)

春 19 回・夏 22 回出場
通算 42 勝 41 敗, 準優勝 1 回

1894年仙台数学院として創立. 1900年東北中学校となる. 48年の学制改革で東北高校となる.

04年創部. 30年夏甲子園に初出場し, 水戸中を降して県勢初勝利をあげた. 戦後も出場を重ね, 59年夏にはベスト4に進出して注目を集めた. 以後, 仙台育英高とともに東北を代表する強豪として活躍. 2003年夏にはダルビッシュ有投手を擁して決勝に進み, 準優勝. 翌04年選抜1回戦の熊本工業戦ではダルビッシュ投手が東北勢唯一のノーヒットノーランを達成している.

東陵高 (気仙沼市, 私立)

春 1 回・夏 1 回出場
通算 0 勝 2 敗

1969年に創立された気仙沼家政高校を母体として, 83年に東陵高校が創立され, 同時に創部. 85年仙台育英高校監督を長く務めた金沢規夫が監督に就任し, 88年夏に甲子園初出場. 2014年選抜にも出場している.

利府高 (利府町, 県立)

春 1 回・夏 1 回出場
通算 4 勝 2 敗

1984年宮城県利府高校として創立し, 同時に創部, 98年単位制に移行した際にスポーツ科学科が設置されて強くなった. 2009年選抜に21世紀枠代表として出場すると, 習志野高校, 早実などの強豪校を次々と降してベスト4まで進んだ. 14年には夏の大会にも出場し, 佐賀北高校を降して初戦を突破している.

㉚宮城県大会結果（平成以降）

	優勝校	スコア	準優勝校	ベスト4		甲子園成績
1989年	仙台育英高	12－0	仙台三高	佐沼高	仙台商	準優勝
1990年	仙台育英高	5－3	東陵高	東北高	泉館山高	3回戦
1991年	東北高	5－2	利府高	仙台育英高	東陵高	初戦敗退
1992年	仙台育英高	5－0	東北学院榴ケ岡高	宮城農	東北工大電子高	初戦敗退
1993年	東北高	15－0	仙台工	古川工	泉館山高	初戦敗退
1994年	仙台育英高	3－1	仙台工	仙台高	東北高	ベスト8
1995年	仙台育英高	7－6	仙台商	仙台高	柴田高	初戦敗退
1996年	仙台育英高	8－2	仙台商	仙台三高	仙台工	3回戦
1997年	仙台育英高	8－6	東北高	仙台商	仙台工	2回戦
1998年	仙台高	2－1	東北高	仙台育英高	利府高	初戦敗退
1999年	仙台育英高	17－1	利府高	仙台高	東北高	2回戦
2000年	仙台育英高	6－4	東北高	利府高	気仙沼向洋高	2回戦
2001年	仙台育英高	1－0	東北高	仙台西高	石巻高	初戦敗退
2002年	仙台西高	6－0	柴田高	仙台高	仙台三高	初戦敗退
2003年	東北高	5－4	仙台育英高	気仙沼向洋高	一迫商	準優勝
2004年	東北高	20－2	利府高	富谷高	東陵高	3回戦
2005年	東北高	18－2	石巻工	仙台育英高	宮城農	ベスト8
2006年	仙台育英高	6－2	東北高	富谷高	泉松陵高	2回戦
2007年	仙台育英高	8－4	仙台商	東北高	利府高	2回戦
2008年	仙台育英高	1－0	東北高	一迫商	仙台二高	3回戦
2009年	東北高	4－1	仙台育英高	利府高	気仙沼向洋高	3回戦
2010年	仙台育英高	28－1	気仙沼向洋高	利府高	東北高	3回戦
2011年	古川工	3－1	利府高	東北高	仙台商	初戦敗退
2012年	仙台育英高	2－1	東北高	聖和学園高	利府高	3回戦
2013年	仙台育英高	6－5	柴田高	聖和学園高	仙台三高	2回戦
2014年	利府高	3－2	佐沼高	気仙沼高	塩釜高	2回戦
2015年	仙台育英高	13－0	古川工	石巻高	東北学院榴ケ岡	準優勝
2016年	東北高	5－0	利府高	仙台育英高	東陵高	初戦敗退
2017年	仙台育英高	7－2	東北高	東陵高	仙台三高	ベスト8
2018年	仙台育英高	7－0	古川工	仙台三高	柴田高	初戦敗退
2019年	仙台育英高	15－10	東北高	東北学院榴ケ岡	柴田高	ベスト8
2020年	仙台育英高	8－2	仙台高	仙台一高	東陵高	（中止）

注）2006年の決勝は延長15回0－0で引き分け再試合

やきもの

堤焼（大甕）

地域の歴史的な背景

　宮城県は、東北の中では最も中央（京都や江戸）に近く、古くから中央との往き来があった。例えば、東北各地で縄文文化が謳歌されていた頃、ここにはいち早く南方系の弥生文化が伝わってきた。仙台南郊には弥生式住居群があり、ここから弥生式土器やさらに発達した土師器が出土している。その土器の底に稲籾の圧痕が認められるところから、稲作の導入もいち早くなされた、とみることができる。

　仙台市や名取市では、円墳や前方後円墳が十数基確認されている。中でも雷神山古墳は、全長170メートルで東北最大の前方後円墳である。そして、110メートルの遠見塚古墳は、これに次ぐ2番目の規模である。いずれも大和人系の墳墓であり、この頃からすでに中央との密接なつながりを認めることができるのである。

　江戸時代は、伊達藩が中心となる。ここでは、名君（賢藩主）を輩出しており、新田開作と産業振興が図られた。特に、仙台平野の米は米相場を左右する建米であり、藩が管理の下で大量に江戸に搬送された。ここでも、江戸との密接なつながりが認められるのである。

　そこでの産業振興の中に、陶器づくりも位置づけることができる。堤焼・切込焼・白石焼（江戸時代）、新田焼（明治時代）などがあるが、しかし、大規模な発達には至らなかった。良質な粘土層が少ないこと、冬期が寒くて通年の作業がむつかしいこと、という東北地方で共通の自然条件が影響してのことであった。

主なやきもの

堤焼

　元禄7（1694）年、仙台藩4代藩主伊達綱村が江戸今戸焼の陶工上村万右衛門を招いて、杉山台の原（仙台市）付近に窯を築き、茶器類を焼かせたのが始まり、と伝わる。堤焼の名称は明治中期以降のもので、古くはその地名から杉山焼とも呼ばれた。また、『伊達綱村茶会記』などに記載されている仙台焼なるものも、杉山焼・堤焼を指すものと推測される。仙台焼の刻印のある天目風の茶碗などの数量は決して多くはないが、いずれも優れた品であり、早期の堤焼の特色を見いだすことができる。

　5代藩主吉村の『獅山公治家記録』（1758年）には、花入や水指、茶碗、香炉、茶入、茶壺など、茶器を主体とする釉薬の掛かった陶器が多く記されている。

　しかし、元禄年間（1688〜1704年）以降は、建設事業に伴って瓦や土管の生産も盛んになったようだ。藩主の意向はともあれ、やきものづくりの主流は、その土地土地の生活実用品にあることを物語る一事である。それは、以後の堤焼の歩みにも通じる。

　正徳5（1715）年に万右衛門が没すると、堤焼は一時衰退した。だが、寛政年間（1789〜1801年）に佐藤九平治が堤町に窯場を移してから、文化・文政年間（1804〜1830年）には隆盛を極めることになった。ちなみに、堤町は陸羽街道の出入り口に当たり、ここを守る足軽屋敷が連なる。堤焼は、そこの下級武士たちの内職としてつくられた、ともいう。

　今に伝わる堤焼の多くは、江戸後期以降のものと思われる。釉薬を施した陶器で、捏鉢や擂鉢、大壺、大甕などの大物の日常雑器が目立つが、茶器や花器、それに灯火器（油皿）、御堂、焙烙などまでその作域は幅広い。堤焼の土は、砂粒を含む比較的粗いもので、焼きの甘い底部には橙色の発色もみえる。さらにそれを覆う海鼠釉は、重厚さを強調することにもなり、東北を代表する陶器の一つとなった。また、褐色や黒色の鉄釉が施された布袋や海老、鶏などの水滴（硯に水を注ぐ小壺）は、

人形の型づくり技術を取り入れたとされる。

　なお、堤焼には、「乾馬」の銘のあるものが少なくない。これは、堤焼の名工として知られた庄子義忠が、安政2 (1855) 年に当地を訪れた江戸の陶工三浦乾也より「乾」の一字を許され「乾馬」を名乗ったもの。初めは茶器類を焼いたが、晩年はもっぱら日常雑器を焼き続けた。現在、堤町での窯の火は消えているが、4代目乾馬が場所を移して今も堤焼の名を守っている。

堤人形

　堤人形は、堤焼と共につくられた土人形である。製作の開始は明らかでないが、『伊達氏治家記録』には、享保元 (1716) 年の「仙台製張貫人形」、享保8 (1723) 年の「焼物人形」などの記述があるので、18世紀前半には焼かれていたことがうかがえる。そのころの堤人形は、堤焼と共に下級武士の副業としてつくられていた、という。最盛期の文化・文政期には13軒が人形づくりに従事していた、と伝わる。

　人形は、2枚の型を使って型抜きの手法でつくられる。神像や歌舞伎、浄瑠璃、浮世絵などを題材とした役者像が多い。躍動感と優美な姿、落ち着いた配色などから、「西の伏見、東の堤」とも称された。明治以降は衰退したが、大正末期に芳賀左五郎によって復興された。

切込焼

　江戸時代中期から明治初期にかけて、加美郡宮崎町の切込地区で焼かれた磁器の総称である。開窯年代については諸説あるが、窯跡の出土陶片から推して文化年間 (1804〜18年) 以降のことであり、天保年間 (1830〜44年) とする説が根強い。

　ちなみに、宮崎町に隣接する小野田町の大宮神社に伝わる甕に、「御宝前　奉納　焼物師勘左衛門　宝永四年四月吉日」なる年記がみえる。その甕は、『伊達氏治家記録』に記されている「宮崎焼」であることから、宮崎焼が切込焼の藩政時代における正式な名称であったことも明らかとなる。おそらく、宝永年間 (1704〜11年) の頃を切込焼の創業期として

よいだろう。

　切込焼の焼成の技法は、有田焼（佐賀県）の系譜といえる。現存する窯跡を調べると、その構造や道具などが当時は伊万里焼ともいわれた有田焼のそれと近似している、という。染付が主体であるが、他に白磁、瑠璃、鉄砂、三彩なども焼成した。三彩とは、2種類以上の鉛釉系の釉薬を一つの器に染め分けたものである。

　製品は、皿や茶碗などの日常雑器の他に、茶器や花器類、擂鉢、火鉢、植木鉢、香炉などがみられる。中でも辣韮徳利は、他の窯ではあまりみられない独特の形といえよう。いわゆる粋人好みの器。さらに、三彩にも茶壺や湯呑、杯（盃）や盃台など趣味性の高い器が多く見られる。

　切込焼は、明治の初めに廃窯となったが、大正時代に大正切込として復活。しかし、それも長くは続かずに廃れてしまった。現在、新たにその復興が図られている。

　なお、磁器としては、白石焼がある。十分に磁器質の焼成ができていない器が残存している。江戸との往き来が盛んだった仙台藩では、いち早く磁器に注目した。そして、工夫を重ねもしたが、そう簡単に磁器が焼けるはずもない。一級品の完成品をださないままに、白石焼は廃れてしまった。そうした窯があることも忘れてはならないだろう。

Topics ● 竈を守る火の神

　日本では、火に対する信仰がさまざまに発達した形跡がある。それは、第一に、木や茅、藁など燃えやすい材料での民家がつくられており、火事へのおそれが大きかったからである。そこで、日常的に最も火を必要とする台所に「火の神」を祀るようになったのである。

　もちろん、窯場でも火の神は重要であった。窯は一般の家庭で使用する竈よりは何倍も大規模であるから、特に火災への対応は慎重になされなくてはならなかった。

　窯は、野焼きに比べれば効率良く安全な装置といえる。だが、登

り窯だと数日がかりの作業となるので、窯そのものが熱くなっており、火炎が外に漏れるとたちまち窯の表面を走ることになる。かつての窯の屋根は、草葺。窯の脇には薪が積んである。その上、周囲は山林。ひとたび火がでると、大火事になるおそれがあったのだ。

窯は、やきものづくりに携わる者にとっては、最も神聖な場でもあった。いかに丹念に細工をしようと、焼成で失敗すれば全てが無に帰する。したがって、窯焚き作業は神聖視され、窯焚きのときは女性や子どもは窯に近づけさせないという禁忌もあった。そうした窯であるから、当然ながら火の神が崇められてきたのである。

火の神は、土地土地で名称が異なるが、一般家庭の竈神に準じている、としてよい。例えば、最も広い分布をみるのは荒神であるが、近畿地方の窯場では愛宕神社（京都府）を、中部地方の窯場では秋葉神社（静岡県）を祀っている例が多い。また、ただ「竈神様」といって、特別に祭神を定めない例も多くある。

窯元や窯焚き職人がどのように火の神（竈神）を祀るか。その祀り方は、地方ごとにさまざまである。

まず、その神座の位置は、窯の近くに特別な小祠（祠）を設ける例もあるし、家の中の神棚に合祀している例もある。一般的には、窯の焚口（火口）の上方に、あるいは窯の第一室（房）の上辺りに神棚を仮設する方法が多いようだ。

ほとんどの場合は、特別な神体を持たない。それは、山の神や水神などを祀る一般の民間信仰の形態と同じである。そこに注連縄を張り、御酒を供える。特に、窯焚きの日には、そこを清めて新しい供物を献じ、無事に焼き上がるような祈願をするのが広く共通する。そこに、神主や僧侶を招く例は少ない。なお、正月には、そこを清め、新しい注連縄を飾り、鏡餅を供えるのが習慣化している。

便利な重油窯や電気窯が普及した現在でも、そこに窯元みずからの手で火の神が連綿と祀られる事実は、やきものづくりのむつかしさを象徴するものであろう。

IV

風景の文化編

地名由来

　仙台市は東北の顔である。宮城県の人口は現在230万人余、そのうち仙台市が107万人を占める。いわば東北地方の首都のような感じである。文化的にも東北大学など多くの大学を抱え、東北地方の中心である。それに比べれば、「宮城県」という県名はいかにも親近感が薄い。その背景にはかの戊辰戦争の悲劇が隠されている。

　東北6県はいずれも戊辰戦争で大きな被害を被った地域だが、中でもこの宮城県はその全域を旧仙台藩が占めていた。伊達藩と言えば伊達政宗公（1567～1636）以来62万石という巨大な石高を誇る全国でも有数の雄藩であった。青森県が津軽藩と南部藩の確執の結果成立したのとは好対照に、宮城県全体が伊達藩の領地を継承したことになる。

　戊辰戦争の際、新政府軍は会津を仙台藩の力によって攻めさせようとした。伊達の軍勢を使えば会津などひとたまりもないと判断したのであろう。

　仙台藩に会津征討の命が下った時、仙台は大いに困惑する。官軍が是で会津が非という話ではないことは、当然のこととしてわかっていたはずである。とすれば、同じ奥州の藩を攻めるということに関しては相当な決断を必要としたはずであった。

　結果的には仙台藩は奥羽越列藩同盟の盟主として戊辰戦争を戦うことになった。仙台藩が降伏したのは慶応4年（1868）9月15日のことであった。62万石の城と領地は没収され、藩主の伊達慶邦と宗敦の父子は東京に護送され、芝増上寺に監禁の身となった。石高は28万石に減らされ、さらに、同じ戊辰戦争で敗北した南部藩が20万石から13万石に減らされて、仙台藩の一部である白石に移封されてきた。その分、仙台藩は領地を切り詰められたことになる。

　このような経緯から、新政府は朝敵であった「仙台」の名前は県名として使わせず、仙台のあった「宮城郡」の名前をとって「宮城県」とした。

「宮城郡」は『和名抄』では「美也木」と訓じられ、古代には多賀城が置かれた奥州の要の地点であった。「宮」と「城」で成っている地名なので、由緒がないわけがない。塩竈神社と多賀城にちなんでいることは事実として確認できる。「宮」という地名は神社のないところにはつかない地名であり、塩竈神社は奥州一宮である。

　一方、「仙台」という地名は伊達政宗に深く関わっている。政宗は関ヶ原では家康方について、上杉景勝らと対抗関係にあった。そこで、政宗は慶長5年（1600）家康の許可を得て、今の青葉山にあった千代城に新城築城の縄張りを始め、本格的な城を完成させることになった。

　青葉山にはそれまで「千代城」という名の城があり、かつて国分氏が居城していた。国分氏というのは、今も仙台市内に陸奥国国分寺跡があるように、国分寺にちなむ豪族であったらしい。今も繁華街として知られる国分町はその名残だと言われる。

　この「千代城」を同じ音である「仙台城」に変えたのは、ほかならぬ伊達政宗であった。かつてあった「仙台橋」の擬宝珠によると、河水が千年にわたって流れ、民も国も安泰になることを祈って「仙台」と名づけたのだという。

とっておきの地名

①愛子（あやし）　　仙山線に「愛子駅」がある。この地名は、この地にある「子愛観音（こあやし）」にちなむものである。『安永風土記』には「当時横町と申す所に相立ち申し候子愛観音之有り候を以て、当村の名に申し来り候由御座候」とある。つまり、ここの「子愛観音」から「愛子」という村名が生まれたと言っている。

　この観音様は「子安観音」であり、もともとは安産と子育ての観音様である。駅からほど近いところに、仙台城下の輪王寺の和尚が末寺として開山した補陀寺（はだじ）跡があり、そこに「子愛観音堂」が建っている。

　それにしても「愛子」と書いて「あやし」と読むのはなぜか。「あやす」という言葉があるが、これは子どもの機嫌をとって愛育する意味である。そう考えると、「子愛」は「こあやし」と読むことが可能になる。この「こあやし」から漢字が逆転して「愛子」という地名が生まれたということだ。天皇家の「愛子様」が誕生された時に、この「愛子駅」は話題になった。

それとは別に、この子愛観音が隠れキリシタンのものだったという説もある。伊達政宗自身がキリシタンではなかったかという説もあり、その可能性も否定できない。

②**女川**（おながわ）　ここも東日本大震災で、壊滅的な被害を受けた。この「女川」には、昔この地を治めていた安倍氏が源氏を迎え撃った時、女子供を守るため安全な川にかくまったという伝説がある。『女川町史』には、およそこんなことが書かれている。

　町の背後にある黒森山（400メートル）の麓の奥に安野平（あんのだいら）というところがある。その昔、安倍貞任の軍勢が隣村稲井の館によって源氏方と戦った時、一族の婦女子を安全地帯であった安野平に避難させた。

　川に避難させたというからてっきり大きな川だと思いきや、女川の町から延々と車で上った山頂近くの「山懐」のようなところだった。「平」とは言え、今は木々が生い茂って往時を偲ぶことは難しいが、確かに避難場所としてはよかったのかもしれない。川とは言っても飲み水を確保できる程度の川であった。取材に行ったのは大震災の数年前、一日も早い復興を願っている。

③**鬼首**（おにこうべ）　鳴子温泉の北側、江合川（荒雄川）（えあい）の源流に位置し、鬼首温泉で知られる。このおどろおどろしい地名の由来は、坂上田村麻呂が蝦夷経営に際し、蝦夷首領大武丸を斬って、その首がこの地に落ちたので鬼首と呼んだという伝説があるが、これはあくまで伝説として聞いておこう。実際には、永承6年（1051）陸奥国国司藤原登任が「鬼切部」（おにきりべ）で俘囚安倍頼時と戦った歴史にちなむとされている。つまり、戦場の名前が「鬼切部」という地名だったということだが、やはり戦場で命を落としたことで命名されたものということになり、何やら血なまぐさい地名であることには変わりはない。しかし、このようなおどろおどろしい地名に惹かれて温泉に来る人も多いのだから、これはこれでよいのだろう。

④**金華山**（きんかざん）　石巻市牡鹿（おしか）地区にある山の名前。標高445メートル。我が国で最初に金を産出したと伝えられ、金華山の地名もそれに由来するという。天平勝宝2年（750）に創起されたという黄金山（こがねやま）神

社が鎮座する。ご祭神は金山毘古神・金山毘売神で、金属の神様である。金華山はその重要度から「みちのく山」と呼ばれており、日本初の金の産出を祝って詠んだ大伴家持の歌が残る。

　　　天皇の御代栄えむと 東なる
　　　　　　　陸奥山に 金 花咲く

　織田信長が斎藤氏を滅ぼして岐阜城を築いた山も金華山と呼ばれるが、宮城県の金華山が飛んで行ったという伝承を耳にしたことがある。

⑤塩竈　　陸奥国の国衙は多賀城に置かれており、塩竈はその港として重要な役割を果たしていた。その由来について、『塩竈市史Ⅰ　本編Ⅰ』に次のようにある。

　「仙台藩が安永3年に村々から書出させた安永風土記書上の塩竈村の部には『村名ニ付由来』として、『当社之大明神此浦ニ天降給ひ塩を焼て民に教へ給ふ其釜在之候ニ付御鎮座神号並村名共に塩釜と称候由申聞候』と述べている。これによって、古来から塩竈の入江は製塩の名所であり、地名も又浦わの製塩と関連していたことがわかる」

　ここでは古来「藻塩焼き」という方法がとられていた。それは、塩焼釜の上に海藻を揚げ、海水を注いで煮詰める方法である。JR「本塩釜」駅の裏手に一森山があり、その上に塩竈神社がある。広い境内に製塩に使われた土器が発見された場所も確認されている。

　塩竈（釜）神社は、全国に数十社確認されているが、その総本社がこの塩竈神社である。

⑥色麻　　古川市の近くに「色麻町」がある。難読地名でもある。「色麻」のルーツをたどると、実は播磨国（現在の兵庫県南西部）の「飾磨」につながっている。その昔、飾磨郡（現在の姫路市辺り）の人々がここに移住し、「色麻」という地名が誕生したというのが定説になっている。

　その痕跡は色麻町にある「伊達神社」にある。この神社は飾磨郡にある「伊楯神社」をこの地に勧請したものである。「色麻」という地名の初見は『続日本紀』で、天武天皇の天平9年（737）の記述である。それによると、陸奥国（現在の青森県・岩手県・宮城県・福島県）に派遣された蝦夷征討

の軍が3月1日、管内の色麻の柵を発し、その日のうちに出羽国大室駅（現在の山形県尾花沢市と推定）に到着したとある。

　古代においてはずっと「色麻」の地名が続いたが、武士の時代になって「四釜氏」なる武士がこの地を治めることになり、江戸時代までは「四釜」という表記が一般的だったという。ここにはミステリアスな伝承もある。

　奥州一宮の塩竈神社は古来、製塩の神様として信仰を集めていたが、その近くに「御釜神社」という神社がある。そこには4つの釜が祀られているが、もともとは7つあったとかで、そのうち3つの釜が盗まれたというのである。その盗まれた釜の1つがこの色麻にあったものだという。真偽は別として、面白い話ではある。

⑦尿前（しとまえ）　戦国期までは「志登米」「志戸米」と書かれたが、江戸時代になると「尿前」と書かれるようになり、とりわけ芭蕉の「蚤虱馬の尿する枕もと」の句で知られる。「尿」とは古来「小便」を意味することだが、それがルーツと考えることはできない。

　『大日本地名辞書』ではアイヌ語の「シリ・トマイ」で、「山上に湖水ある処」という説を紹介している。

　この地に置かれた尿前の関は旧出羽街道沿いにあり、伊達藩の尿前境目番所の跡である。芭蕉がここを通りかかったのは元禄2年（1689）のことで、一行は急遽行程を変更したため通行手形を持っておらず、通るのが難儀だったと記している。

⑧閖上（ゆりあげ）　東日本大震災の津波で被害を受けた地で、古くは「淘上」「淘揚」とも書いた。いずれも「ゆりあげ」と読む。一般に「閖上の浜」と呼ばれるが、かつては「名取の浜」とも呼ばれていた。伝説では熊野那智神社の御神体がこの浜にゆり上げられたと言い、仙台藩4代藩主伊達綱宗公が「門の中から水が見えたので、門の中に水を書いて閖上と呼ぶように」ということで「閖上」という漢字が使われたという。御神体のほかに十一面観音という説もある。

　「淘」という漢字は「ゆら」もしくは「ゆり」と読み、「由利」とも書く。意味は「砂を淘り上げて出来た平地。ゆり」（『広辞苑』）であり、単純に考えれば、海の砂が盛り上がった浜辺のことである。そこにいくつもの伝

承が重なったものと考えてよい。

難読地名の由来

a.「**野蒜**」(東松島市) **b.**「**秋保**」(仙台市) **c.**「**網地島**」(石巻市) **d.**「**一迫**」(栗原市) **e.**「**掃部丁**」(仙台市) **f.**「**招又**」(宮城郡七ヶ浜町) **g.**「**霊屋下**」(仙台市) **h.**「**覆盆子原**」(伊具郡丸森町) **i.**「**桃生**」(石巻市) **j.**「**定義**」(仙台市)

【正解】

a.「のびる」(ユリ科多年草のノビル(野蒜)が自生していたことによる)
b.「あきう」(平安期に治めていたという「藤原秋保」にちなむという説のほか、「百寿の秋を保つ」によるとの説もある) **c.**「あじしま」(網を地面に広げて乾かしたことから) **d.**「いちはさま」(狭いという地形から)
e.「かもんちょう」(上遠野掃部の屋敷があったことによる) **f.**「まねきまた」(慶長津波(1611)の時、「こっちさ来い」と手招きしたことによるという。東日本大震災でも津波にさらわれた) **g.**「おたまやした」(伊達家の霊廟「瑞鳳殿」の下にあるところから) **h.**「いちごはら」(「覆盆子」はイチゴのことで、実が取れた後のくぼみがお盆に似ていたからだと言われる) **i.**「ものう」(アイヌ語で「モム・ヌプカ」で、流域の丘の意味だという) **j.**「じょうげ・じょうぎ」(平氏滅亡の際、この地に逃げ延びた平貞(定)義が住みついたからと言われる)

商店街

東一番丁通り（仙台市）

宮城県の商店街の概観

　2014年の「商業統計調査」によれば、仙台には県全体の小売店の41％、年間販売額では52％が集中しており、1970年と比較すると販売額で5ポイント上昇している。県内だけでなく東北地方の中心都市と言えるが、仙台への集中化が始まったのは昭和に入ってからで、特に戦後、東北地方における卸売業の拠点となってから小売業の発展をもたらしたと言われている。仙台市以外では石巻市、大崎市、名取市の集積量が比較的大きい。仙台市の小売商圏は県下全域を覆い、一部岩手県南部にも及んでいる。仙台に次ぐ商業中心地では石巻、塩釜、気仙沼、古川（大崎市）の商圏が比較的広く、なかでも仙台との交通事情が悪い石巻は独立的商圏を形成してきた。このほかに、小規模な商業中心地として小城下町起源の登米、亘理、白石、宿場町起源の築館などがある。

　仙台では、商業の中心は江戸時代の町人地区から移動し、現在は仙台駅と青葉城を結ぶ中央通りと東一番丁に中心商店街が形成され、一帯は東北最大の繁華街、歓楽街となっている。また、仙台駅東口側にも商業集積地が形成されている。市街地化の早かった青葉区では北仙台駅周辺や木町通り、若林区では連坊、河原町などの商店街があり、市街地化が新しい周辺域では、大型商業施設が主体の商業集積地が形成されている。泉中央駅前、長町駅前が代表的なものである。仙台市以外では港湾都市、石巻市の中心商店街の規模が大きかったが、震災の影響もあって店舗数は減っている。塩釜市では本塩釜駅前から塩釜神社にかけての参道に商店街が形成されており、登米市では北上川河岸に発達した「三日町商店街」が登米街道と一関街道の交差する地でもあり、周辺は歴史的建造物が多く残る地区になっている。栗原市築館、大崎市古川の商店街も街道沿いに発達したものであるが、北部の行政中心ではあるものの東北新幹線から離れた位置にある築

　【注】この項目の内容は出典刊行時（2019年）のものです

館と、東北新幹線駅が設置され鉄道乗換駅になった古川とでは、商店街発展の様相は異なっている。

　気仙沼市では規模の大きな「新中央商店街」のほか、気仙沼駅から漁港にかけて商店街が形成されていたが、2011年3月11日の東日本大震災による津波で大きな被害を受けた。震災後、中小企業基盤整備機構によって、被害を受けた商店や飲食店などが営業再開するため仮設商店街が県内で23ヵ所、気仙沼市でも9ヵ所開設された。そのうち、港近くに開設された「南町紫市場」は、震災後開催されていた「青空市」を母体とするもので、老舗商店など50店以上が営業しており、最大規模の仮設商店街である。また、名取市「閖上さいかい市場」は、内陸に建設された仮設住宅近くに29店舗が入居して開設されたもので、現在も被災者や地域住民に対する近隣商店街としての役割を担っている。その後、仮設商店街の閉鎖が進み、県内に残る仮設商店街は2017年5月末時点で8ヵ所になっているが、テナント料や集客への不安などの理由で新しい商業施設や常設店舗への移転には課題が多い。本書では、本設商店街となったなかから「南三陸さんさん商店街」を紹介する。

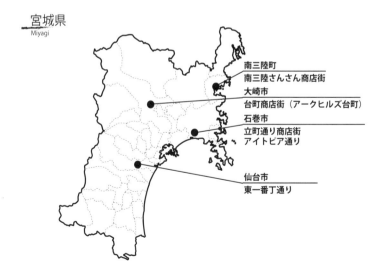

宮城県
Miyagi

南三陸町
南三陸さんさん商店街
大崎市
台町商店街（アークヒルズ台町）
石巻市
立町通り商店街
アイトピア通り

仙台市
東一番丁通り

東一番丁通り（仙台市）

―東北地方の中心商店街―

　仙台市の中心商店街は、JR仙台駅と青葉城大手門を結ぶ中央通りの名掛丁商店街、クリスロード商店街、マーブルロードおおまち商店街と、これとT字型に交差する東一番丁通りのサンモール商店街、ぶらんどーむ一番街商店街、一番町四丁目商店街の6つの商店街で構成されており、東一番丁通りには仙台市の二大百貨店、藤崎と三越が立地する。総延長1kmを超える商店街は、一番町四丁目商店街以外は全蓋型アーケードのある商店街で、商店街ごとに特色あるアーケードを楽しむことができる。商店街の周辺の個性的な横丁には飲食店や娯楽施設なども集積しており、東北地方随一の繁華街となっている。

　江戸時代には一番丁は中級の侍町で、一筋西の国分町の芭蕉の辻が商業の中心であった。明治維新で仙台藩では大量の没落士族が生まれたことを背景に、かつての侍屋敷に「横丁」と称して士族の商業を始めさせたのが商業地区化の始まりであった。いわば、商業地における「士族授産」とも言える。東一番丁沿いには芝居小屋や寄席、喫茶店などが並び、新興商店街として賑わうようになった。1887年に仙台駅が開設されると駅方面の大町が商業地となった。一方、旧制第二高等学校（現・東北大学片平キャンパス）が置かれた東一番丁の南は学生街として発展した。1932年に地元呉服店であった藤崎が百貨店となり、翌年には三越百貨店が進出すると、国分町に代わって東一番丁が仙台の商業中心地となり、「番ブラ」という言葉も生まれた。

　東一番丁通りは1979年に自転車を含む車輌の進入を規制し、歩行者専用の買物公園となった。一番町四丁目商店街は、道の両側だけにかかる開放的なアーケードが特徴で、様々な木々がプロムナードを彩っており、冬季にはイルミネーションを施すなどして人気がある。北端に三越が立地し、洋服、鞄、履物、宝飾などファッション関連の店舗が多く、一番丁のなかでも地元老舗商店の多い地区でもある。「虎谷横丁」や「稲荷横丁」などの横丁には個性豊かな飲食店が集まっている。その南、ぶらんどーむ一番街商店街は仙台フォーラス、ベルモーズビル、DATEONEビルなどの商業ビルが多く、仙台における渋谷系文化発信地として知られている。1992

年に建て替えられた高層アーケード（最高部19.5m）が特徴で、中央部分で5階ほど、両側の旧歩道部分でも4階ほどの高さがあり、壁面を活かしたデザインの店構えを演出している。マーブルロードおおまちと交わるところでは、広場を囲むように藤崎が海外有名ブランド店を集めて展開し、高級ブランド街を出現させている。

　藤崎から南、青葉通りをはさんで南に伸びるサンモール一番街は東北大学片平キャンパスへつながる商店街で、学生街らしく古書店や楽器店、喫茶店などが並んでいた。東北大学教養部の移転により行き交う学生が減少し、学生街の面影は薄れたが、出店コストの安さもあって、近年は横丁への新規出店が活発である。2015年に地下鉄東西線が開通し新駅が設けられたことによる変化が注目される。

　8月の仙台七夕では中央通りの商店街も含めて商店街ごとに豪華な竹飾りが設置され100万人を超える観客で賑わう。仙台を訪れた際には中央通りから東一番丁通りまで足を伸ばし、それぞれの商店街の雰囲気の違いも楽しんでみてはいかがだろうか。

台町商店街（アークヒルズ台町）（大崎市）
―新幹線開通を機に装いを新たにした商店街―

　2006年、古川市ほか6町が合併して大崎市が誕生した。台町商店街は古川市時代からの中心商店街で、県北の大崎平野を中心に商圏を広げていた。古川は東北本線から離れているが、県北の穀倉地帯を控えた交通の要衝で、古くは台町商店街の西の七日町付近が商業中心であった。1913年に陸羽東線古川駅が開業すると商業地は東へ拡大し、昭和に入る頃には台町にも70店ほどの商店街が形成されていた。台町の東端から駅方向へ駅前商店街が続いており、藤崎百貨店の営業所やスーパーマーケット・エンドーチェーンが出店した。1982年の東北新幹線開通により、陸羽東線古川駅は350mほど東に移動して新幹線から乗り換えできるようになった。駅前は区画整理され各種施設が進出したほか、駐車スペースも確保された。しかし、郊外店の増加などにより衰退化が目立ち、商店街の中核的存在であったエンドーチェーンも撤退した。

　このため、商店街では市と協議して街路整備（電柱の地中化や街灯の更新など）、商店街のセットバック事業を実施した。事業は1989年に完成し、歩車分離となった商店街の通りは9mから16mに拡幅され、商店の装いも一新され、商店街名も「アークヒルズ台町」と命名された。また、1997

年には「台町 TMC 株式会社」を設立し、ホテルの新館を建設してホテル会社に賃貸し商店街活性化のための原資を生み出し、エンドーチェーン跡地にシネマコンプレックスを含む大型商業施設を建設した。2006年にオープンした「シネマ・リオーネ古川」は6スクリーンを持ち、まちおこしを目的にしたシネマコンプレックスの最初の例として注目された。

　駅からは少し離れているが、開放的な通りに沿って初期からの商店も含めて、家具、仏具、時計、宝石、鉄砲など多様な店舗が70店ほど並んでいる。空き店舗が少ないのは、駅前の駐車場が充実していることもあるが、車での買い物客に対応した商店街へ一新したことが大きいであろう。

立町通り商店街、アイトピア通り（石巻市）
—再生への道を歩む港湾都市の商店街—

　北上川の河口の港町として発達した石巻市は、県内の幹線鉄道軸から離れていたこともあって、仙台商圏内において独立的な商業中心地として発展し、1960年代に最盛期を迎え、1996年に駅前にビブレ（後にさくら野百貨店となる）が進出してきた。しかし、郊外型店舗の進出や三陸自動車道の開通に加えて、狭隘な市街地に形成された商店街の道路事情の悪さも重なって、衰退化が目立つようになってきた。

　JR石巻駅前商店街から北上川方向へ立町通り商店街が伸び、その先は北上川と平行にアイトピア通り、寿町商店街などと続き、北上川沿いの商店街のほうが歴史は古い。立町通り商店街は最盛期には100を超える商店が軒を連ねる中心商店街として賑わい、1971年にはアーケードも完成した。2011年の東日本大震災では甚大な被害を受け、商店街でも店舗の外壁が落下し、アーケードの支柱にも亀裂が生じた。このため、商店街振興組合ではアーケードを撤去し、同時にLEDを使用した街路灯を設置するなど商店街を一新し、愛称を「イーリス立町」とした。イーリスとはギリシャ神話に登場する虹の女神である。現在の加盟店舗は40店ほどにまで減っているが、アーケード撤去で明るい空が広がる商店街に生まれ変わるのが期待されている。商店街中ほどにある「立町復興ふれあい商店街」では海産物や人気の菓子屋など多彩な店舗が営業している。その北西に位置する石巻市役所は、2008年に閉店になったさくら野百貨店跡に入っている。また、2016年復興住宅1階に設けられた石巻 ASATTE には食料品店、雑貨店、レストランが入り、新名所になっている。

　江戸時代には本町に対して「裏町」と呼ばれていた大町は昭和に入った

頃から石巻の中心商店街へと発展し、1987年の大町通りの街路整備事業の完成を機に通り名を「アイトピア」に改名した。呉服店、時計店、楽器店、花屋など60店舗ほどががんばっていたが、大震災による被害は大きく、加盟店は激減した。アイトピア通りの中ほどから橋通り商店街を抜けた北上川河畔の憩いの広場に復興商店街「石巻まちなか復興マルシェ」がある。その先、北上川の中州（中瀬）にある「石ノ森萬画館」も震災で大きな被害を受けたが、町おこし、商店街の活性化のためにも再開が待たれるところである。

南三陸さんさん商店街（南三陸町）

―経験を活かした復興商店街―

　JR気仙沼線志津川駅の東にある復興商店街。2011年の東日本大震災の翌年に開設された仮設商店街が、2017年に約600m南に造成された高台に本設商店街としてオープンしたもの。

　震災により発生した津波で壊滅的被害を受けたが、全国の商店街と連携した「ぼうさい朝市ネットワーク」の支援を受けて「福幸市」を開催し、翌年、32店舗が参加して仮設商店街が開設された。名称は「サンサンと輝く太陽のように笑顔とパワーに満ちた南三陸の商店街にしたい」というコンセプトによるもので、3つのゾーンに分けられた商店街は客の周遊を意識してすべて平屋建て、店舗配置はあえて不規則にし、フードコートを設置するなど工夫されており、「がんばる商店街30選」に選ばれた。

　隈研吾監修の本設商店街は南三陸杉を使用した平屋6棟からなり、志津川湾を一望できる展望台も設けられている。飲食店、生活関連、鮮魚、菓子、理美容、葬儀関係、コンビニ、産直施設など28店が入居しており、うち23店は仮設からの移転である。店舗は業種ごとにまとめて配置されており、随所に仮設商店街のノウハウが活かされている。新鮮な鮮魚を扱う魚屋や地元のスイーツなどを置く土産物店、商店街内の飲食店で提供される「キラキラ丼」は地元外からの訪問者にも人気がある。志津川の商店街は、震災前に8軒の海産物関連商店が集まる地区を「志津川おさかな通り」と名づけて観光客を誘致してきた経緯がある（2009年「新・がんばる商店街77選」選定）。「キラキラ丼」はその当時に開発された商品で、各店が独自性を発揮しており、復興商店街のシンボル的存在とも言える。

花風景

仙台市野草園のハギ（県花）

地域の特色

　東には太平洋、西には奥羽山脈が火山帯とともにそびえ、県東部には北上山地の南端が、南部には阿武隈高地の北端が貫入している。南流する旧北上川は仙北平野をつくり、石巻を生んだ。東流する名取川は狭義の仙台平野をつくり、支流の広瀬川に仙台を生んだ。北流する阿武隈川の支流の白石川は仙南平野をつくった。古代には多賀城に陸奥の国府や鎮守府などが置かれ、近世には仙台を拠点に伊達氏が雄藩仙台藩をなし、今も仙台は東北の最大都市として中心となっている。太平洋側の冷温帯の気候を示す。

　花風景は、近代に植えられた河川両岸・城址公園・河口丘陵地のサクラ名所が知られ、古代城跡のアヤメ、湿地のハス、里山の花木、野草園の草花、山岳の高山植物など歴史地域の花や自然地域の花が特徴的である。

　県花はNHKなどによって選ばれたマメ科ハギ属のミヤギノハギ（宮城野萩）である。秋の七草の一つとして知られる落葉樹低木のハギの一種で、紫色や白色の小さな花をつける。一見、木本ではなく草本のように見える。古来、サクラは吉野というように、ハギといえば宮城野であり、宮城野はハギの名所として、和歌に詠まれる歌枕の地となっていた。

主な花風景

白石川堤・船岡城址公園のサクラ　＊春、日本さくら名所100選

　白石川堤一目千本桜は柴田郡大河原町と柴田町に跨る白石川両岸沿いの全長約8.5キロに及ぶサクラ並木である。隣接して船岡城址公園があり遠く雪を頂く蔵王の山々を背景に白石川に沿って長々と続くサクラの花の帯と船岡城址公園のサクラが一体となった美しい風景を楽しむことができる。

　白石川堤のサクラは1923（大正12）年実業家高山開治郎が約700本のサ

　凡例　＊：観賞最適季節、国立・国定公園、国指定の史跡・名勝・天然記念物、日本遺産、世界遺産・ラムサール条約登録湿地、日本さくら名所100選などを示した

クラの苗木を寄贈したのが始まりといわれ、27（昭和2）年さらに500本が植栽されて現在は約1,200本のサクラの大木が連なる宮城県を代表するサクラの名所となった。サクラはほとんどがソメイヨシノであるが、シロヤマザクラ、ヤエザクラ、地元の品種「センダイヨシノ」なども植えられている。

　船岡城は、柴田郡柴田町の山城で現在は船岡城址公園となっている。公園内には約1,000本のソメイヨシノが植栽されている。また、公園内には高くそびえるモミがあり、山本周五郎の小説『樅ノ木は残った』の舞台となった。頂上へはスロープカー（期間限定運行）で行くことができる。サクラが開花する4月上旬から見頃を迎える4月中旬まで、白石川堤と並行して走るJR東北本線の船岡駅から大河原駅を通過する列車は、花見のため徐行運転をする粋な計らいがある。列車は一目千本サクラに寄り添うように走るので車内でお花見が楽しめる。

日和山公園のサクラ　＊春

　石巻市の日和山は市の中心部旧北上川河口に位置する丘陵地で、鎌倉時代に築かれた石巻城跡に整備された公園である。かつて松尾芭蕉も訪れたこともある日和山は、石巻市内を一望できる場所で眼下に流れる旧北上川の河口や太平洋を望み、天気が良い日は牡鹿半島、遠く松島や蔵王の山々などを見ることができる。公園は大正時代に整備され、ソメイヨシノを主として約6種類約400本のサクラが植栽されている。樹齢70年を超える老木が約100本あり古くからのサクラの名所となっている。2011（平成23）年に発生した東日本大震災の際には、多くの市民が山に登って津波から避難し助かったが、眼下の石巻漁港や市街地は広範囲に津波の被害を受けた。

　日和山は、日本各地にある山の名前である。船乗りが船を出すか否かを決める際に日和を見る（天候を予測する）ために利用した山で、港町に多い。

多賀城跡のアヤメとハナショウブ　＊夏、特別史跡

　多賀城は、宮城県多賀城市にある日本の奈良時代の城柵で、国の特別史跡に指定されている。奈良時代　724（神亀元）年に大野東人によって創建され、平安時代には陸奥国府や鎮守府が置かれるなど11世紀中頃までの東北地方の政治・文化・軍事の中心地であった。多賀城跡の南側に位置する

あやめ園には、約2.1ヘクタールの敷地に、650種300万本のアヤメ、ハナショウブが植えられている。アヤメ、ハナショウブは品種ごとに列状に植えられており、遠くから俯瞰すれば紫、ピンク、白などさまざまな色彩を持つ花色のストライプが絨毯のように広がり大変見ごたえがある。近づけば個々の花々が個性ある形や色で自己主張し見飽きることがない。

　毎年、松尾芭蕉が多賀城跡を訪れたとされる6月24日が祭りの初日で、7月上旬まで「多賀城跡あやめまつり」が開催される。

仙台市野草園のハギ　＊秋

　仙台市野草園は、仙台市太白区の大年寺山公園内に位置する面積約9.5ヘクタールの植物園で、東北地方に生える野草を中心に植栽されており、高山から水辺まで、さまざまな環境に生える野草を見ることができる。園内は、「高山植物区」「水生植物区」「アジサイ区」「どんぐり山」などに分けられ、さまざまな野生の植物が植えられている。仙台市には歌枕「宮城野の萩」の宮城野があり、市の花は「萩」である。1989（元禄2）年、松尾芭蕉は宮城野を訪れ「宮城野の萩茂りあひて秋の景色おもいやらるる」と詠んでいる。園内にはミヤギノハギをはじめとするさまざまなハギ約1,300株が可憐な花を咲かせ、萩のトンネルから始まる「萩の道」や「萩の丘」にもハギの花が咲きこぼれる。ハギは花も小さく地味で派手さはないが、みちのくの鄙の里の秋の風情を楽しむことができる。

　野草園の構想は、東北大学の化学者加藤多喜雄が、戦災復興が急速に進む仙台で、かつて街中にあった野草が消えつつあることを憂えたことに始まり、仙台市が1949（昭和24）年に取得した大年寺山の土地約13ヘクタールを提供して実現することとなった。51（同26）年から工事が始まり延べ9,000人により人力で造成された。野草採集は、仙台野草の会の指導により市の職員、多くの市民、中学高校生徒などの協力で実施され、54（同29）年に開園した。地元に生育している野草を集めた植物園は当時日本に例がなかったといわれている。

伊豆沼のハス　＊夏、天然記念物、ラムサール条約登録湿地

　伊豆沼は、宮城県登米市および栗原市に位置する沼で面積369ヘクタール最大水深1.6メートルの浅い沼である。初夏の頃広大な伊豆沼はハスの

花で一面覆い尽くされ、最盛期には遠方から見ると沼全体がハスの花のピンク色に染め上げられる。ハスの花の最盛期にはハス祭りが開催され、地元の漁師が操縦する観光船が運行するので、間近でハスのうす紅色の美しい花を楽しむことができる。

伊豆沼とその周辺は、江戸時代の初めまでは遊水地で葦や茅の刈場であったが、江戸時代貞享年間（1684〜88年）に伊豆沼周辺で開墾などが行われた。だが、沼の干拓による新田開発は行われなかった。日本最大級の渡り鳥の越冬地であり、マガン、ヒシクイ、オオハクチョウなど多くのガンカモ類が越冬する。1967（昭和42）年には「伊豆沼・内沼の鳥類およびその生息地」として国の天然記念物に指定された。さらに、85（同60）年には国際的に重要な湿地を保全する「ラムサール条約」にも登録された。

伊豆沼は古くからハスの群生地として知られていたが、1980、81年（昭和55、56年）の夏に起こった大水害によって水位が上昇し、ハスが壊滅的な被害を受けた。伊豆沼の風景を取り戻すため、宮城県と地元3町による3年計画のハス復元事業が実施された。茨城県から種れんこんを導入して栗原市の農家が水田で栽培し増えたものを伊豆沼に移植した。在来種も徐々に復活しようやくハスの風景が甦った。現在では夏の最盛期の頃にはハスが沼の75％を覆うほどに拡大している。ハスは大きな葉を水面に広げ水中の光環境を悪化させる。このため、アサザやクロモなどの他の水生植物が姿を消すといった問題が起こっており対策が進められている。

徳仙丈山のツツジ　＊春

徳仙丈山は、宮城県気仙沼市にある標高711.1メートルの山で、ヤマツツジとレンゲツツジが群生する。ツツジは徳仙丈山の8合目から頂上までの全体を紅や朱に染め上げる。山頂からは北に室根山、西に雄大な栗駒山、東に太平洋に浮かぶ金華山を望み、ツツジの季節には紅く染まる山肌と太平洋の青色が絶妙なコントラストを描き出す。

徳仙丈山は、戦前は採草地、茅刈山であったようで、春に山焼きが行われていた。これらの管理によってその数推定50万株のツツジ類が維持されてきたものと思われる。戦後これらの管理は行われなくなり荒廃しつつあったが、地元の佐々木梅吉が手入れをするようになり、数年後には地元有志とともに「徳仙丈山つつじ保存会」を立ち上げ、ツタ・下草刈りなど

の管理を行うようになった。保存会による長年の地道な努力が徳仙丈山の
ツツジの風景を維持してきた。

　東北の太平洋沿岸には、室根山（むろねさん）、五葉山（ごようさん）などツツジの名所があり、徳仙
丈山と同様、火入れや採草、放牧などによって維持されてきたものと思わ
れる。近年、人口減少・高齢化によって担い手が減少し次第に手入れが行
き届かなくなってきており、これらのツツジの名所が衰えていく可能性が
高くなってきている。

栗駒山世界谷地（くりこまやませかいやち）の高山植物　　＊春・夏、栗駒国定公園

　宮城・岩手・秋田の三県にまたがる栗駒山は標高1,626メートル、円錐
状の裾野を持つコニーデ型の活火山である。山頂からは月山・鳥海山・蔵
王連峰・駒ヶ岳・早池峰山、そして遠く太平洋までを一望することができる。
山頂付近には150種に及ぶ高山植物が群生し、見事な風景のお花畑となる
ほか秋の紅葉が素晴らしい。

　世界谷地（せかいやち）は栗駒山の中腹標高700メートル付近に広がる細長い湿原で、
面積は14.3ヘクタール。栗駒山の緩やかな南斜面、森森（まぐきもり）の西にある。「世
界谷地」とは「広い湿地」のことを表しているとされ、ブナの原生林の中に
上・中・下の３段に分かれた大小八つの湿原がある。

　この湿原は、厚さ1.3メートルの泥炭層の上をミズゴケ類の厚い層が覆っ
ていて、その表面に高山植物が群生している。５月のミズバショウから始
まり９月の秋のエゾオヤマリンドウまで、数多くの花々が次々と咲く。特
に６月下旬に咲くニッコウキスゲは湿原全体を黄色に染め上げるほどで素
晴らしい。この他、ショウジョウバカマ、コバイケイソウ、ミズバショウ、
ミツガシワ、ワタスゲ、ムラサキヤシオ、ニッコウキスゲ、タテヤマリン
ドウ、サラサドウダン、レンゲツツジ、サワラン、ツルコケモモ、トキソウ、
キンコウカ、ウメバチソウ、ミズギク、サワギキョウ、イワショウブ、エ
ゾオヤマリンドウなどを見ることができる。

公園 / 庭園

旧有備館および庭園

地域の特色

　宮城県は東北地方中部に位置し、東には太平洋、西には太平洋側と日本海側に二分する脊梁の奥羽山脈がそびえ、秋田・山形県境をなしている。県東部には北の岩手県から北上山地の南端が、南の福島県から阿武隈高地の北端が貫入している。奥羽山脈に重なるかたちで東日本火山帯の旧那須火山帯が形成され、栗駒山、船形山、蔵王山の火山が連なり、栗駒、鳴子、蔵王など多くの温泉地がある。

　海岸は牡鹿半島以北が複雑な屈曲に富んだリアス海岸を呈し、その南の仙台海岸は長く湾曲する単調な砂浜海岸となって仙台湾に臨み、その一部に日本三景の松島湾が沈水して湾入している。北部のリアス海岸の湾奥には気仙沼、女川などの漁港を発展させたが、一方、歴史的に度重なる津波の被災地ともなった。北上山地と奥羽山脈の間には仙北平野から仙南平野に達する広義の仙台平野が広がる。宮城県の面積は東北6県では最小であるが、平野が多く、平野は太平洋型の比較的温暖な気候のため、人口は東北6県では最大であり、仙台も東北の最大都市として行政、経済、文化の中心となっている。

　古くは陸前の国と呼ばれたが、古代の奈良時代には多賀城に陸奥の国府や鎮守府などが置かれ、北方の蝦夷に対峙する最前線となっていた。近世になって大大名の伊達政宗が仙台青葉山に仙台城（青葉城）を築き、城下町を建設し、雄藩仙台藩をなした。城下町には屋敷林などの植樹が積極的に奨励され、城下には緑が多く、現在「杜の都」と呼ばれる由縁である。仙台藩は戊辰戦争では幕府側でもあり、明治維新後は士族の北海道開拓なども余儀なくされ、北海道には伊達市という名残の地名もある。

　自然公園は山岳、火山、海岸と多彩ではあるが、必ずしも傑出しているとはいえない。都市公園・庭園は歴史を反映して城郭や学問所にちなむものが特徴的である。

凡例　⬤自然公園、㊂都市公園・国民公園、㊉庭園　　　　　　169

🏛 三陸復興国立公園唐桑半島・牡鹿半島・金華山

　宮城県の三陸復興国立公園は北の唐桑半島、気仙沼大島から南の牡鹿半島、金華山に連なるリアス海岸となっている。唐桑半島には石灰岩地域に巨釜半造と呼ぶ奇岩怪石の地がある。海岸の巨釜には折石という石柱や巨石が並び、半蔵には鍾乳洞もある。牡鹿半島、金華山は、岩手県の三陸復興国立公園の項でも述べたが、2013（平成25）年、従来の南三陸金華山国定公園が三陸復興国立公園に編入された場所である。牡鹿半島はリアス海岸で湾入を繰り返す複雑な海岸線を示し、島嶼も多い。湾には砂浜が形成され、鳴き砂で知られる十八成浜がある。また、湾内はホタテやカキの養殖が盛んで、文化的景観を呈している。島嶼には自然林が残り、足島はウミネコなどの海鳥の繁殖地となっている。この半島の沖に金華山瀬戸を挟んで金華山（445ｍ）の島が浮かぶ。全島が黄金山神社の神域で霊島といわれる。恐山、出羽三山と共に奥州三霊場と称される。島内には神の使いとしての鹿がいるが、奈良県の春日大社や広島県の厳島神社と同様である。

🏛 蔵王国定公園蔵王連峰　＊名勝、日本百名山

　奥羽山脈の一部をなし、宮城県と山形県の県境に位置する連峰で、最高峰は山形県の熊野岳（1,841ｍ）で、宮城県の最高峰は屏風岳（1,825ｍ）である。古くからの修験道の山岳信仰の霊山で、熊野岳山頂には蔵王権現が祀られている。宮城県側を宮城蔵王、山形県側を山形蔵王と呼ぶ。成層火山群の活火山であり、宮城県側には火口湖の御釜や噴気口が見られる。植物相は豊かで山麓のブナ林や高山植物の女王コマクサなども見られ、ニホンカモシカなども生息している。山麓には温泉地が多数あり、樹氷のスキー場としても名高い。公園北部には二口峡谷があり、磐司岩と称する巨大な凝灰岩の岩壁がそそり立っている。両県を結ぶ蔵王エコーラインは1962（昭和37）年に開通し、山岳観光道路としては全国的に初期のものである。山形県側には俳人松尾芭蕉の俳諧紀行『奥の細道』（1689）で有名な山腹に建つ山寺（立石寺）がある。

目 松島県立自然公園松島 ＊特別名勝、日本の都市公園 100 選

　松島は沈降地形の溺れ谷にできた小さな島々や岩礁に松が生えた多島海である。四大観と呼ばれる4カ所の展望地が知られている。松島は古代から塩竈の浦として知られ、歌枕の地であった。清少納言の随筆『枕 草子』(1000年頃)では松島の籬島にふれている。日本三景に位置付けられるのは1643 (寛永20) 年の儒学者林 春斎らの歴史書・地誌『日本国事蹟考』によってである。松尾芭蕉は『奥の細道』で日本最高の美景と讃えた。しかし、何よりも松島は信仰の地であり、特に千松島とも呼ばれる雄島は霊場であり、霊島であり、「奥の高野」「陸奥の高野山」と称されていた。宮城県は1902 (明治35) 年に県立公園にした。

都 青葉山公園 ＊史跡、日本の歴史公園 100 選

　青葉山公園は仙台駅から西に約2km、伊達政宗が築城した仙台城跡にある。青葉山は広瀬川沿いの丘陵が東に突き出したところにあり、地形が自然のとりでになっている。1600 (慶長5) 年に工事が始まり2年後の02 (慶長7) 年に完成した。伊達氏以前には国 分 氏の千代城があったとも伝えられ、政宗自身が中国の古詩にちなんで「仙臺」と名を改めた。明治維新後は東北地方の陸軍の拠点になり、1882 (明治15) 年の火災と第二次世界大戦の空襲によって国宝に指定されていた大手門をはじめ、ほとんどの建物が失われた。唯一残ったのは大手門北側の土塀だったが、1967 (昭和42) 年に脇櫓が再建され、2003 (平成15) 年には「仙台城跡」として国の史跡に指定された。

　1997 (平成9) 年から実施された本丸跡の石垣修理の際に、現在の石垣の内側にさらに二つの古い石垣が発見され、江戸時代前期には地震によって崩れるたびに修理を繰り返していたことが明らかになった。一番内側の石垣はゴロゴロした自然の石を用いて戦いに有利な形に築かれており、政宗が築城した時のものと考えられている。時代が下るにしたがって、その後の平和な世相を反映して見栄えの良い切石が用いられた。2011 (平成23) 年の東日本大震災では広い範囲の石垣が崩落したが、一つひとつの石を過去の写真を見比べながら正確に積み直し、元の姿がよみがえった。

　青葉山公園が開園したのは1954 (昭和29) 年である。第二次世界大戦後

は米軍が進駐し、46（昭和21）年に仙台総合運動場として都市計画決定された。仙台城の本丸を含む青葉山の東側が公園の敷地である。本丸には有名な伊達政宗の騎馬像があり仙台の市街地を一望することができる。三の丸にあたる場所には仙台市博物館が建設され、伊達家から寄贈された貴重な資料が展示されている。公園に隣接する青葉山の西側の森林はかつて御裏林と呼ばれ、都市域にはめずらしいモミの天然林などが残っていることから72（昭和47）年に国の天然記念物に指定された。現在は東北大学の植物園として管理されている。

都 榴岡公園 ＊名勝、日本の都市公園100選

　榴岡公園は仙台駅の東約1kmの所にある。陸奥国の歌枕の名所であり、1695（元禄8）年に仙台藩4代藩主伊達綱村が釈迦堂を建立し、多数のしだれ桜が植えられて以降賑わうようになったといわれている。綱村は馬場や弓場をつくったほか、人々を楽しませるために境内で芝居や興行ができるようにした。以来、名前のツツジではなく桜の名所として親しまれてきた。著名な植物学者である三好学が大正時代に詳細な調査をし、薄墨彼岸など榴岡固有の桜が5種類あることを明らかにした。三好は桜の品種がソメイヨシノばかりになってしまったことを嘆き、彼岸桜としだれ桜の代表的な名勝である榴岡があまり世間に知られていないことを惜しんだ。

　文化財指定に関連して、この公園は数奇な運命を辿っている。三好学の調査によって1926（大正13）年には「榴ケ岡（サクラ）」として国の名勝に指定されたが、68（昭和43）年には指定を解除されている。解除の理由は不明だが、福島県の開成山などそのほか3カ所の桜に関連する名勝も昭和30年代に指定解除されていることから、当初価値として評価された彼岸桜などの生育に問題があったのではないかと想像される。指定解除された4カ所のうち榴岡のみが「おくのほそ道の風景地」という名勝の一連の構成要素の一つ「つゝじが岡及び天神の御社」として2015（平成27）年に再び指定された。埼玉県の草加松原など松尾芭蕉の足跡を20カ所以上まとめて名勝に指定したもので、仙台に来た芭蕉は「つつじがおかはあせびのさくころなり」と記している。桜の名所から一転して芭蕉が訪れた地として評価されることになったが、現在も300本以上のしだれ桜とソメイヨシノが咲く場所として変わらず市民に親しまれている。公園内には仙台市指定文化

財の旧歩兵第四連隊兵舎が移築され、仙台市歴史民俗資料館として利用されている。広々とした芝生と白い建物のコントラストが美しい。

都 多賀城跡　＊特別史跡、重要文化財

多賀城跡は仙台市に隣接する多賀城市に所在し、奈良時代から平安時代にかけて鎮守府や陸奥国の国府が置かれた場所である。東北地方の政治、文化、軍事の中心として室町時代まで重要な役割を果たした。重要文化財の多賀城碑には724（神亀元）年に大野東人が創建し、762（天平宝字6）年には藤原朝獦が修造したと記されている。政庁と呼ばれる中心部には正殿、脇殿、後殿、楼が対称に配置されている。発掘調査によって紙や木簡、硯、土器など当時の人々の仕事や暮らしがよくわかる遺物が見つかった。多賀城跡は1922（大正11）年に史跡、66（昭和41）年に特別史跡に指定された。現在も発掘調査が続けられ、政庁など調査が終わった場所は広々とした空間に礎石や舗装で建物の遺構が表示されている。南門から政庁にいたる道は2007（平成19）年から市民の提案によって草花が植えられ11（平成23）年にはグッドデザイン賞を受賞した。広大な多賀城の全体像を把握するためにはまだ時間が必要で、少しずつ調査を進めながら次世代に引き継いでいく、ロマンを秘めた遺跡である。

庭 旧有備館および庭園　＊史跡、名勝

旧有備館は大崎市岩出山字川原町に位置している。1601（慶長6）年に伊達政宗が仙台城に移ったことから、岩出山は政宗の四男宗泰に与えられた。2代宗敏の隠居所として、現在の主屋「御改所」が1677（延宝5）年頃に建てられている。4代村泰の時に、家臣の子弟を教育する学問所になり、城の北側麓の現在地に移されて、有備館と命名された。

庭園は1715（正徳5）年頃に、仙台藩茶道師の清水道竿（1737年没）によってつくられたという。敷地面積は13,000㎡ほどあり、園池には「茶島・兜島・鶴島・亀島」の4島が設けられていて、周囲をめぐりながら風景の変化を楽しめるようになっている。東日本大震災によって御改所が倒壊したが、2013～15（平成25～27）年度に復旧工事が行われた。

温　泉

地域の特性

　宮城県は、東北地方の中東部を占め、県庁所在地の仙台市は東北地方の中核都市としての機能を有する政令指定都市である。東北一の広がりのある仙台平野は、ササニシキやひとめぼれなどの優良米の産地であり、一方では太平洋岸の気仙沼、石巻、塩釜などの規模の大きな漁業基地があって、第1次産業の発展も著しい。毎年こうした農漁村から県内各地の温泉地で湯治をする客が集まり、現在ではその数は少なくなっているが、湯治の慣習は引き継がれている。また、伊達政宗が築城した仙台城（青葉城）をはじめ、仙台七夕、日本三景の松島、瑞巌寺、鳴子峡など、全国的に知られた観光地も多い。

◆旧国名：陸前、磐城　県花：ミヤギノハギ　県鳥：ガン

温泉地の特色

　県内には宿泊施設のある温泉地が46カ所あり、源泉総数は743カ所、湧出量は毎分3万ℓで全国26位である。年間延べ宿泊客数は276万人で全国17位にランクされる。中心的な温泉地として、仙台に近い秋保温泉郷（73万人）をはじめ、県北の奥羽山中の鳴子温泉郷（69万人）、遠刈田（37万人）が多くの温泉客を集めている。

　国民保養温泉地として奥鳴子・川渡が指定されており、鬼首温泉と中山温泉も含まれるが、その宿泊数は延べ14万人を数える。温泉保養施設は充実しており、また鳴子峡を中心とした秋の紅葉は素晴らしく、滞在型の宿泊客も多い。東北大学やその他の医療機関では、温泉療養研究が進められ、保養温泉地の発展に寄与してきた。

①秋保温泉郷

73万人、23位
塩化物泉

県中南部、仙台の南西20kmほどの名取川中流域にあり、古来「名取の御湯」とよばれて伊達藩主の浴館が置かれ、鳴子、飯坂とともに「奥州三名湯」とよばれてきた。6世紀後半、欽明天皇が疱瘡を患った際、祈禱師から秋保の湯浴みを薦められ、温泉を都に運ばせて入浴したところ完治し、「おぼつかな　雲の上まで見てしかな　とりのみゆかば　あとかたもなし」と詠ったことから、「名取の御湯」とよばれるようになったという。

現在、奥州最古の温泉場として知られ、年間延べ宿泊客数は東北第1位の73万人を数える。温泉場の中央に深さ20mの峡谷があり、磊々峡や鬼面巌など自然の造形が連なっていて、夜にはライトアップされて幻想的な光景と水の音を楽しめる。さらに、温泉場から名取川を15kmほど遡れば、高さ72m、幅14mの秋保大滝があり、近くには温泉神社、薬師堂、秋保氏の居館跡、静御前のお墓などがある。

交通：JR東北新幹線仙台駅、バス50分

②鳴子温泉郷（鳴子・東鳴子・川渡・中山平・鬼首）

69万人、24位
国民保養温泉地
単純温泉、炭酸水素塩泉、塩化物泉、硫黄泉

県北西部、奥羽山脈中の鳴子温泉郷は、鳴子と東鳴子を中心に発展してきたが、1960（昭和35）年の早い時期に国民保養温泉地に指定された川渡、中山平、鬼首も含めて、多様な温泉地で構成されている。温泉郷内には約400本の源泉が湧き出し、日本の11種類の泉質のうち9種類が揃っていて、源泉の多様性に富んでいる。温泉郷としての年間延べ宿泊客数は69万人であり、秋保温泉郷に次いで東北地方で2位である。首都圏からのアクセスは古川駅まで東北新幹線を利用し、陸羽東線に乗り換えて約3時間である。自動車利用の場合は、東北自動車道古川インターチェンジで下り、国道47号で約30kmの距離である。

『続日本後記』によると、鳴子温泉は837（承和4）年に鳥谷ヶ森が大

爆発し、温泉が噴出して開かれたという。轟音が鳴り響いて「鳴郷の湯」とよばれ、「鳴子」となったとか、源義経の正室が出産した際に温泉に浸かって産声をあげた「啼子」から「鳴子」に転訛したともいわれる。大崎市の鳴子は玉造郡に属し、大和朝廷へ水晶の玉を貢ぐ産地として知られ、出雲玉造、河内玉造とともに日本三大玉造の一つであった。837（承和4）年の『続日本紀』に「陸奥国言う。玉造塞の温泉石神、雷響き振い、昼夜止まず。温泉河に流れてその色綮の如し」とあり、川渡には10世紀初頭の延喜式内社に名を連ねる温泉石神が祀られていて、温泉の存在を物語っている。近世期を通じて各温泉地は伊達藩領にあり、近在の農民や藩主、武士階級の湯治が行われた。田中温泉、赤湯温泉で知られた東鳴子には御前湯が置かれ、江戸中期の川渡は「脚気川渡」と称されて湯治客で賑わった。後期には滝湯を中心とした鳴子が賑わい、幕末の諸国温泉効能鑑では成子（鳴子）は東前頭5枚目、川渡が24枚目にランクされていた。

　観光温泉地としての性格が強い鳴子を除くと、その他の温泉地は農閑期に仙台平野の米作農民や三陸の漁民が訪れる湯治場として機能し、自炊部と旅籠部が併設された旅館が多かった。湯治客のための自炊旅館は、当時の町立温泉病院と一体化して「温泉療養プラン」を推進した。温泉医の指導のもとに客の健康チェックをし、各旅館は客を送迎した。滞在日数は1週間ほどであったが、近年では日数は減少しており、若い客がストレス解消や健康づくりを目的に、2～3泊の湯治体験をするケースが増えている。

　高温で自噴する源泉が多い鳴子温泉郷では、鳴子の木造の「滝の湯」共同浴場、東鳴子の泉質が異なる湯が隣り合う浴槽、川渡の閑静な田園風景、中山平の湯けむりを上げる湯治場の雰囲気、鬼首の高温泉を噴き上げる間欠泉など魅力的である。日本有数の鳴子峡の紅葉や湖底に温泉噴気帯がある潟沼、スキー場も観光に欠かせない。また、伝統工芸の鳴子温泉のこけし工房は約20軒もあり、日本こけし館では作品を鑑賞できる。松尾芭蕉の『奥の細道』のルートも整備されており、その足跡をたどる散策も楽しい。

交通：JR陸羽東線鳴子温泉駅

③**遠刈田**（とおがった）　37万人、62位
　　　　　硫酸塩泉

　県南部、遠刈田温泉は蔵王山の東の丘陵に位置している。湯治場として成立していたが、1962（昭和37）年の蔵王エコーライン開通に伴って、東の入口として観光化が進んだ。刈田岳のお釜は、エメラルドグリーンの鮮やかな火口湖であり、さらに不動滝と三階滝もあって観光の立ち寄りポイントとして多くの観光客が訪れ、年間37万人の宿泊客を数える。遠刈田こけしの産地であり、こけし館がある。

交通：JR 東北新幹線白石蔵王駅、バス50分

④**作並**（さくなみ）　単純温泉

　県中西部、奥羽山脈東の山形県境に近い温泉地で、広瀬川上流に沿って旅館が並び、露天風呂も川床にある。川床で温泉が湧くこの温泉地は、1,200年ほど前の養老年間に発見されたという。また、1796（寛政8）年に仙台藩主の伊達斉村は地元住民の温泉地開発を許可し、今日の発展の基礎を築いた。旅館の露天風呂は、岩をうがって造られ、180段も階段を下りていくことで知られている。この温泉地は作並こけしの産地としても知られる。

交通：JR 東北新幹線仙台駅、バス1時間

⑤**鎌先**（かまさき）　塩化物泉

　県中南部、白石市の郊外にある山間の温泉地で、「傷は鎌先」「奥州の薬湯」といわれてきた。600年もの歴史を有し、古くから療養の客を集め、近在の農民や高齢者が保養する湯治場として発達した。昭和初期に宮大工が釘を使わずに建てた旅館もあり、情緒ある旅館街が残されている。鎌先温泉の近くに、弥次郎こけし発祥の集落があり、散策の際に立ち寄るとよい。

交通：JR 東北新幹線白石蔵王駅、バス20分

執筆者 / 出典一覧

※参考参照文献は紙面の都合上割愛
しましたので各出典をご覧ください

Ⅰ　歴史の文化編

【遺　跡】　　　　石神裕之　（京都芸術大学歴史遺産学科教授）『47都道府県・遺跡百科』(2018)

【国宝 / 重要文化財】　森本和男　（歴史家）『47都道府県・国宝 / 重要文化財百科』(2018)

【城　郭】　　　　西ヶ谷恭弘　（日本城郭史学会代表）『47都道府県・城郭百科』(2022)

【戦国大名】　　　森岡浩　（姓氏研究家）『47都道府県・戦国大名百科』(2023)

【名門 / 名家】　　森岡浩　（姓氏研究家）『47都道府県・名門 / 名家百科』(2020)

【博物館】　　　　草刈清人　（ミュージアム・フリーター）・可児光生　（美濃加茂市民ミュージアム館長）・坂本昇　（伊丹市昆虫館館長）・髙田浩二　（元海の中道海洋生態科学館館長）『47都道府県・博物館百科』(2022)

【名　字】　　　　森岡浩　（姓氏研究家）『47都道府県・名字百科』(2019)

Ⅱ　食の文化編

【米 / 雑穀】　　　井上繁　（日本経済新聞社社友）『47都道府県・米 / 雑穀百科』(2017)

【こなもの】　　　成瀬宇平　（鎌倉女子大学名誉教授）『47都道府県・こなもの食文化百科』(2012)

【くだもの】　　　井上繁　（日本経済新聞社社友）『47都道府県・くだもの百科』(2017)

【魚　食】　　　　成瀬宇平　（鎌倉女子大学名誉教授）『47都道府県・魚食文化百科』(2011)

【肉　食】　　　　成瀬宇平　（鎌倉女子大学名誉教授）・横山次郎　（日本農産工業株式会社）『47都道府県・肉食文化百科』(2015)

【地　鶏】　　　　成瀬宇平　（鎌倉女子大学名誉教授）・横山次郎　（日本農産工業株式会社）『47都道府県・地鶏百科』(2014)

【汁　物】　　　　野﨑洋光　（元「分とく山」総料理長）・成瀬宇平　（鎌倉女子大学名誉教授）『47都道府県・汁物百科』(2015)

【伝統調味料】　　成瀬宇平　（鎌倉女子大学名誉教授）『47都道府県・伝統調味料百科』(2013)

【発　酵】　　　　北本勝ひこ　（日本薬科大学特任教授）『47都道府県・発酵文化百科』(2021)

【和菓子／郷土菓子】　**亀井千歩子**　（日本地域文化研究所代表）『47都道府県・和菓子／郷土菓子百科』(2016)

【乾物／干物】　**星名桂治**　（日本かんぶつ協会シニアアドバイザー）『47都道府県・乾物／干物百科』(2017)

Ⅲ　営みの文化編

【伝統行事】　**神崎宣武**　（民俗学者）『47都道府県・伝統行事百科』(2012)

【寺社信仰】　**中山和久**　（人間総合科学大学人間科学部教授）『47都道府県・寺社信仰百科』(2017)

【伝統工芸】　**関根由子・指田京子・佐々木千雅子**　（和くらし・くらぶ）『47都道府県・伝統工芸百科』(2021)

【民　話】　**山田栄克**　（神田女学園中学校高等学校教諭）／花部英雄・小堀光夫編『47都道府県・民話百科』(2019)

【妖怪伝承】　**川島秀一**　（東北大学災害科学国際研究所シニア研究員）／飯倉義之・香川雅信編、常光　徹・小松和彦監修『47都道府県・妖怪伝承百科』(2017) イラスト©東雲騎人

【高校野球】　**森岡　浩**　（姓氏研究家）『47都道府県・高校野球百科』(2021)

【やきもの】　**神崎宣武**　（民俗学者）『47都道府県・やきもの百科』(2021)

Ⅳ　風景の文化編

【地名由来】　**谷川彰英**　（筑波大学名誉教授）『47都道府県・地名由来百科』(2015)

【商店街】　**正木久仁**　（大阪教育大学名誉教授）／正木久仁・杉山伸一編著『47都道府県・商店街百科』(2019)

【花風景】　**西田正憲**　（奈良県立大学名誉教授）『47都道府県・花風景百科』(2019)

【公園／庭園】　**西田正憲**　（奈良県立大学名誉教授）・**飛田範夫**　（庭園史研究家）・**井原　縁**　（奈良県立大学地域創造学部教授）・**黒田乃生**　（筑波大学芸術系教授）『47都道府県・公園／庭園百科』(2017)

【温　泉】　**山村順次**　（元城西国際大学観光学部教授）『47都道府県・温泉百科』(2015)

索　　引

47都道府県ご当地文化百科・宮城県

令和 6 年 6 月 30 日 発 行

編　者　　丸　善　出　版

発行者　　池　田　和　博

発行所　　丸善出版株式会社
〒101-0051 東京都千代田区神田神保町二丁目17番
編集：電話 (03)3512-3264／FAX (03)3512-3272
営業：電話 (03)3512-3256／FAX (03)3512-3270
https://www.maruzen-publishing.co.jp

© Maruzen Publishing Co., Ltd. 2024

組版印刷・富士美術印刷株式会社／製本・株式会社 松岳社

ISBN 978-4-621-30927-8　C 0525　　　　　　Printed in Japan